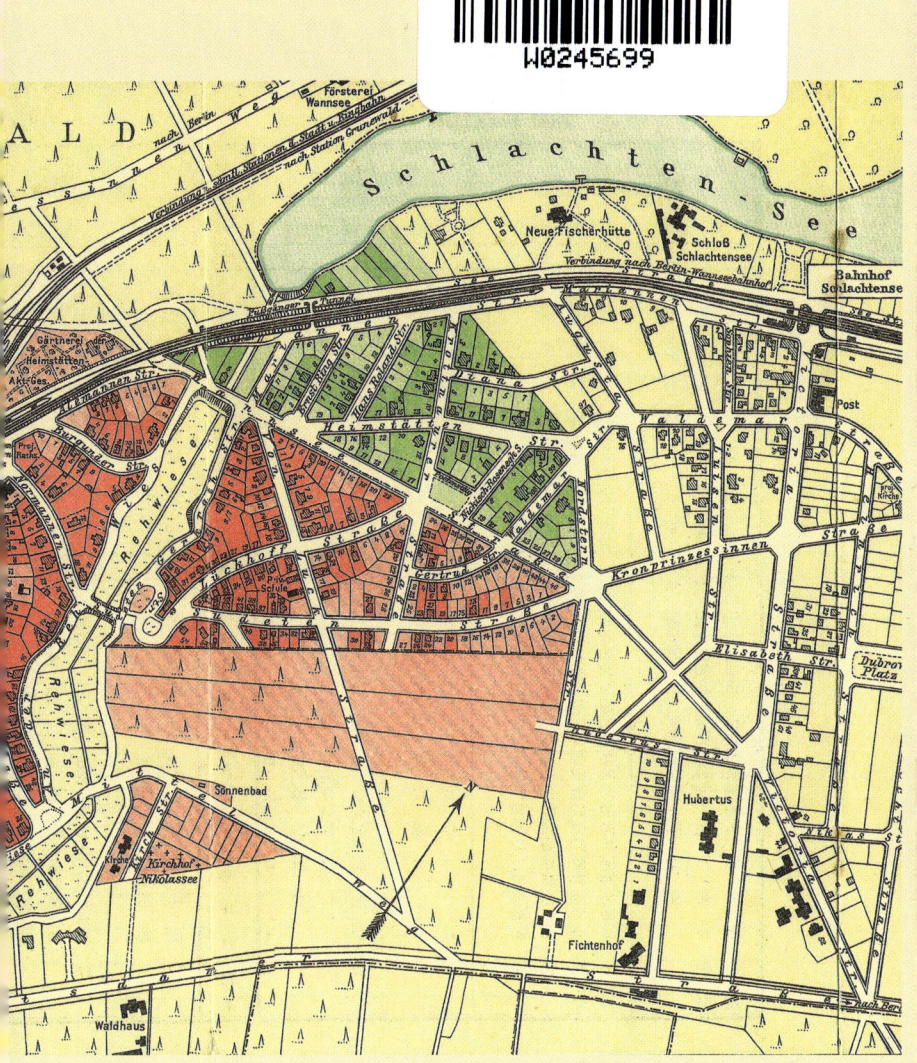

Villenkolonien an den Bahnhöfen
Schlachtensee, Nikolassee und Wannsee,
1911

Carl-Peter Steinmann

Sonntagsspaziergänge

Entdeckungen in Friedrichshagen

Kreuzberg

Mitte

Nikolassee

Schöneberg

Weißensee

: TRANSIT

Inhalt

7   **Franz Hessel**: Von der schwierigen Kunst spazieren zu gehen

9   **Kreuzberg: Vor dem Halleschen Thore**
Spekulanten, Currywurst und Uralt Lavendel

39   **Weißensee: Die Stadt der Toten**
Der Jüdische Friedhof

55   **Nikolassee: Die Rehwiese und der Baumeister Muthesius**
Wunderheiler, Onkel Tobias und die schwedische Königin

73   **Friedrichshagen: Von Spinnern, Dichtern und Anarchisten**
Besuch im schönen Friedrichhagen

93   **Schöneberg: Zwei Dörfer auf dem »schönen Berg«**
Ein Stück vom Alex, ein blaues Band und Kult am Grab

113   **Mitte: Immer an der Wand lang**
Auf den Spuren der Berliner Mauer

139   Literaturquellen
142   Bildquellen
143   Über den Autor

Franz Hessel
Von der schwierigen Kunst spazieren zu gehen

Das Spazierengehn, diese recht altertümliche Form der Fortbewegung auf
zwei Beinen, sollte gerade in unserer Zeit, in der es soviel andre weit zweck-
mäßigere Transportmittel gibt, zu einem besonders reinen zweckentbun-
denen Genuss werden. Zu deinen Zielen bringen dich vielerlei Vehikel,
Fahrräder, Trambahnen, private und öffentliche, winzige und mächtige
Benzinvulkane. Um etwas für deine Gesundheit zu tun, pflegst du, moderner Mensch in der Stadt, wo du weder Skilaufen noch segeln und nur
mit einem ziemlich komplizierten Apparate rudern kannst, das sogenannte Footing. Das hat beileibe nichts mit Spazierengehn zu tun, das ist eine
Art beschwingten Exerzierens, bei dem man so beschäftigt ist, die Bewe-
gungen richtig auszuführen und mit dem richtigen Atmen zu verbinden,
dass man nicht dazu kommt, sich zu ergehen und dabei gemächlich nach
rechts und nach links zu schauen. Das Spazierengehn aber ist weder nütz-
lich noch hygienisch. Wenns richtig gemacht wird, wirds nur um seiner
selbst willen gemacht, es ist ein Übermut wie – nach Goethe – das Dichten. Es ist mehr als jedes andre Gehen zugleich ein Sichgehenlassen. Man
fällt dabei von einem Fuß auf den andern und balanciert diesen angenehmen Vorgang. Kindertaumel ist in unserm Gehen und das selige Schwe-
ben, das wir Gleichgewicht nennen.

Ich darf in diesen »ernsten Zeiten« das Spazierengehn jedermann, der
einigermaßen gut auf den Beinen ist, getrost empfehlen. Es ist wohl das
billigste Vergnügen, ist wirklich kein spezifisch bürgerlich-kapitalistischer
Genuss. Es ist ein Schatz der Armen und heutzutage fast ihr Vorrecht.
Gegen den zunächst berechtigt erscheinenden Einwand der Beschäftig-
ten und Geschäftigen: »Wir haben einfach keine Zeit, spazieren zu gehen«
mache ich dem, der diese Kunst erlernen, oder, wenn er sie einmal besaß, nicht verlernen möchte, den Vorschlag: »Steige gelegentlich auf deinen Fahrten eine Station vor dem Ziel aus und lege eine Teilstrecke zu
Fuß zurück. Wie oft bist du, gerade du Exakter, Zeitsparender, Abkür-
zungen berechnender und nutzender, zu früh am Ziel und musst eine öde
leere Wartezeit in Büros und Vorzimmern mit Ungeduld und verärgerter
Zeitungslektüre verbringen. Mach Minutenferien des Alltags aus solcher
Gelegenheit, flaniere ein Stück Wegs. »Flanieren, das gibt es nicht mehr«,
sagen die Leute. »Das widerspricht dem Rhythmus unserer Zeit«. Ich glau-
be das nicht. Gerade wer – fast möchte ich sagen: nur wer flanieren kann,
wird danach, wenn ihn wieder dieser berühmte Rhythmus packt und ei-
lig, konstant und zielstrebig fortbewegt, diese unsere Zeit umso mehr genießen und verstehn. Der andere aber, der nie aus dem großen Schwung
heraus kommt, wird schließlich gar nicht mehr merken, dass es so etwas

überhaupt gibt. In jedem von uns lebt aber ein heimlicher Müßiggänger, der seine leidigen Beweggründe bisweilen vergessen und sich grundlos bewegen möchte. Und wenn ihm das glückt, dann wird die Straße, gerade weil er nichts von ihr will als sie anschauen, gerade weil sie ihm nicht dienen muss, besonders liebenswürdig zu ihm sein. (…)

Ich schicke dich zeitgenössischen Spaziergangsaspiranten nicht in fremde Gegenden und zu Sehenswürdigkeiten. Besuche deine eigne Stadt, spaziere in deinem Stadtviertel, ergehe dich in dem steinernen Garten, durch den Beruf, Pflicht und Gewohnheit dich führen. Erlebe im Vorübergehn die merkwürdige Geschichte von ein paar Dutzend Straßen. Beobachte ganz nebenbei, wie sie einander das Leben zutragen und wegsaugen, wie sie abwechselnd stiller und lebhafter, vornehmer und ärmlicher, kompakter und bröckliger werden, wie und wo alte Gärten sich inselhaft erhalten mit seltenen Bäumen, Zypressen und Buchsbaum und regenverwaschenen Statuen, oder verkommen und von nachbarlichen Brandmauern bedrängt absterben. Erlebe, wie und warum Straßen fieberhaft oder schläfrig werden, wo das Leben zum stoßweis drängenden Verkehr, wo es zum behaglich drängelnden Betrieb wird. Lern Schwellen kennen, die immer stiller werden, weil immer seltener fremde Füße sie beschreiten und sie die bekannten, die täglich kommen, im Halbschlaf einer alten Hausmeisterin wiedererkennen.

(1932)

Kreuzberg

Vor dem Halleschen Thore
Spekulanten, Currywurst und Uralt Lavendel

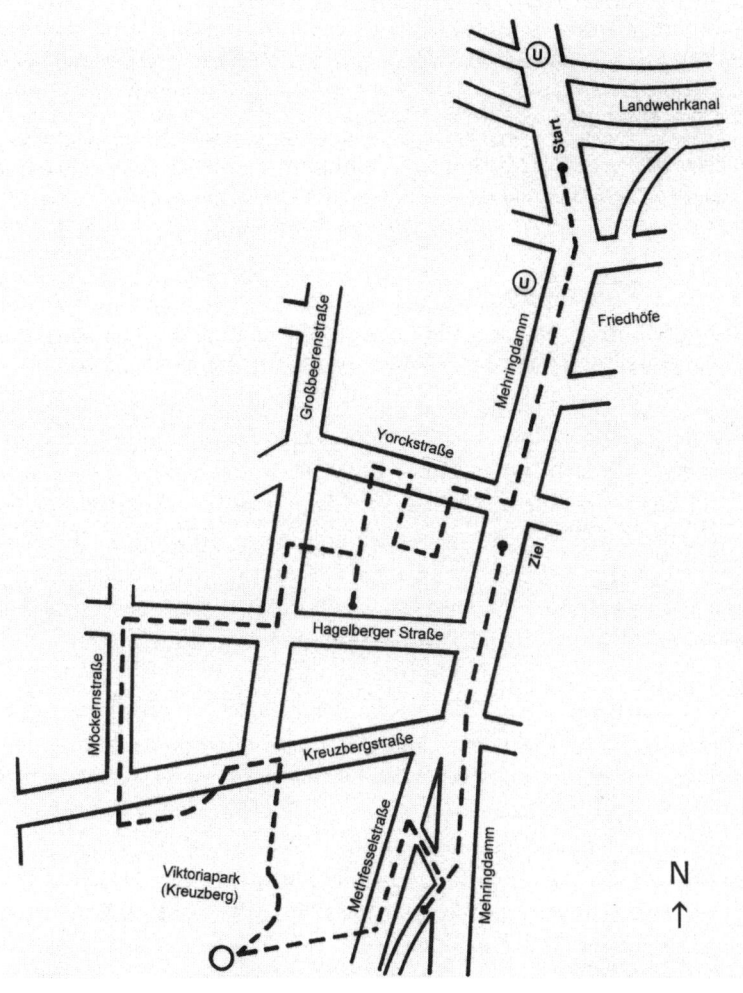

Es stank zum Himmel. Wer vor zweihundert Jahren Berlin durch das Hallesche Thor verließ, überquerte auf einer Holzbrücke den Floß- oder Schafgraben, an dessen Uferwiesen Gerber ihre Tierfelle zum Trocknen auslegten. Bei Windstille hing ein pestilenzartiger Geruch wie eine Glocke über dem trüben Rinnsal. Die Wassertiefe schwankte je nach Jahreszeit beträchtlich, so dass nur kleine Kähne den Graben befahren konnten. Das änderte sich erst 1850, als der Ausbau zum heutigen Landwehrkanal, nach Plänen von Peter Joseph Lenné, abgeschlossen war. Nun diente der neue Wasserweg hauptsächlich dem Transport von Baumaterial und Brennstoffen für die stark wachsende Stadt. Wo vorher Felder und Wiesen den Graben säumten, entstanden nun mehrere Lagerplätze für Baumaterial. Hatte der Wanderer die Brücke hinter sich gelassen, gelangte er auf staubigen Wegen zu den in der Mitte des 18. Jahrhunderts, außerhalb der Stadt, angelegten Friedhöfen und dann weiter zum Dorf Tempelhof.

Die dritte und letzte Stadtmauer, die Berlin umgab, wurde in der Regierungszeit Friedrich Wilhelms I., nach zweijähriger Bauzeit, 1736 fertiggestellt. Sie war 14,5 Kilometer lang und fast vier Meter hoch. Anders als ihre Vorgänger war sie nicht für eine Verteidigung der Stadt ausgelegt. Sie war eine Zoll- und Steuergrenze, die verhindern sollte, dass Waren unverzollt in die Stadt gelangten. Außerdem sollten die Soldaten des Königs, falls sie die Lust an ihrer Aufgabe verloren hatten, an der Desertion gehindert werden. Berlin konnte damals durch 14 Tore betreten werden. Heute ist nur noch eines dieser Stadttore erhalten – das Brandenburger Tor. An die Namen anderer Stadtzugänge erinnern nur noch einige U-Bahnhöfe wie Frankfurter Tor, Oranienburger Tor, Kottbusser Tor, Schlesisches Tor und Hallesches Tor. Als die Akzisemauer später immer mehr zum Verkehrshindernis der expandierenden Stadt wurde, erfolgte ihr Abriss, der sich über drei Jahre, bis 1869 hinzog.

Seit damals hat sich das Gebiet der Tempelhofer Vorstadt grundlegend verändert. Die Friedhöfe bestehen nach wie vor und gehören heute zu den ältesten und bedeutendsten der Stadt. Damals weit entfernt von ihren Pfarrkirchen angelegt, befinden sie sich heute nicht mehr vor der Stadt, sondern mittendrin. Der ungestüme Straßenbau der siebziger Jahre des vergangenen Jahrhunderts führte zur Verlängerung der Blücherstraße bis zum Mehringdamm. War man schon mit dem Bau der 1954 eröffneten Amerika-Gedenkbibliothek bis an die alte Friedhofsmauer vorgestoßen, musste nun ein Teil der Friedhöfe dieser neuen Straße weichen.

Besonders hart traf es den Gottesacker der Brüdergemeine, der fast seine gesamte Friedhofsfläche verlor. Die zugewanderten Böhmen bestatteten seit 1732 ihre Toten auf diesem Friedhof, der anfangs von drei evangelischen Glaubensgemeinden (lutherisch, reformiert und brüderisch) genutzt wurde. Streitigkeiten mit dem Totengräber Epperle, der an den »armen

Eingangstor zum Friedhof der Brüdergemeine

Exulanten« nicht genug verdienen konnte, führten aber bald zur Abtrennung ihres
Friedhofteils und zur Anstellung eines eigenen Totengräbers. Unterschiedliche Auf-
fassungen über die Bestattungsordnung führten dann auch zu Missstim-
migkeiten zwischen den böhmischen Gemeinden untereinander. So kam es
1746 zu einer weiteren Teilung der Fläche. Ein Drittel des Areals erhielt die
Brüdergemeine, die bis heute nach dem herrnhutischen Prinzip bestattet.
Ihre Bestattungsregeln schreiben vor, dass Frauen und Männer in getrenn-
ten Grabreihen und in zeitlicher Reihenfolge ihres Ablebens beigesetzt werden. Es gibt keine Sonderplätze und keine Familienbegräbnisse. Seit der
Straßenverlängerung steht das alte Eingangstor ihres Friedhofs so dicht an
der Mauer zur Straße, dass gerade noch Platz für zwei Grabreihen blieb.
Die ältesten Grabsteine der ersten Kolonisten, die nun abgeräumt werden
mussten, befinden sich heute an der Außenmauer des Böhmischen Gottes-
ackers am Neuköllner Karl-Marx-Platz.

Die Dichte prominenter Zeitgenossen, deren Gräber hier zu finden sind,
ist erstaunlich. Aus der Zeit Friedrichs II. sind besonders Hans Georg
Wenzeslaus von Knobelsdorff (1699-1753) und Antoine Pesne (1683-1757)
hervorzuheben. Nach seinem Amtsantritt ernannte Friedrich II. seinen
langjährigen Freund Knobelsdorff zum Oberintendanten der Königlichen
Gärten und Schlösser. Er, der schon zuvor für den Kronprinzen Friedrich
das Rheinsberger Schloss umgebaut hatte, schuf nun in Berlin das König-

liche Opernhaus, die St. Hedwigskathedrale und lieferte den Entwurf für den ersten Berliner Dom. Der Bau von Schloss Sanssouci, nach einer Ideenskizze des Königs, führte zu erheblichen Meinungsunterschieden zwischen den Freunden. Es kam sogar zum Streit, der in der Amtsaufgabe Knobelsdorffs gipfelte.

Antoine Pesne war bereits von Friedrich I. als Hofmaler nach Berlin berufen worden, wo er auch dem nachfolgenden König Friedrich Wilhelm I. Mal- und Zeichenunterricht erteilte. Das hinderte den späteren König nicht daran, als Sparmaßnahme seinem früheren Lehrer die Bezüge zu kürzen. Seine bedeutendsten Werke schuf der aus einer Hugenottenfamilie stammende Pesne unter Friedrich dem Großen, der die Arbeiten seines Hofmalers hoch schätzte. Pesne wurde, wie auch Knobelsdorff, in der Neuen Kirche am Gendarmenmarkt beigesetzt. Beim späteren Umbau des Gotteshauses wurden 1881 ihre Särge hierher überführt und nah dem Kirchhofstor zur Zossener Straße erneut beigesetzt. Das für sie 1934 aufgestellte Grabmal wurde im Krieg zerstört, 1942 durch ein neues ersetzt und nach kurzer Zeit abermals von Bomben vernichtet. Heute erinnert ein armselig wirkender, recycelter Grabstein (Rückseite: »Margarete Krause 1862-1905«) an die beiden Freunde.

Auf dem Kirchhof II der Jerusalems- u. Neue Kirchengemeinde erinnert ein Wandgrab an den Mediziner Ernst Ludwig Heim (1747-1834), der nach seinen großen Heilerfolgen als Spandauer Stadtphysikus zum Hofrat ernannt und nach Berlin berufen wurde. Der volkstümliche und außerordentlich beliebte Arzt behandelte jeden, der ihn ans Krankenbett rief, vom einfachen Arbeiter oder Beamten bis zu Königin Luise. »Gesund allein macht Vater Heim«, davon war die ständig wachsende Schar seiner Patienten überzeugt. Der Mediziner gehörte zu den Menschen, die nichts dem Zufall überließen. Sogar die Inschrift für sein Grab hatte er schon zu Lebzeiten festgelegt: »*Hier begrub man den Leichnam des Arztes Ernst Ludwig Heim. Immer zufriedenen Gemüths, bescheiden froh im Glük, nie verzagt im Unglük, unverdrossen thätig für seiner Mitgeschöpfe Wohl, starb mit der Zuversicht, daß die Erfüllung heiliger Pflichten ihn noch in einer Welt jenseits des Grabes kein unglükliches Los bereiten wird. Selbst wenn die Natur (wiewohl ganz gegen seinen festen Glauben) nur einen Gang mit den Menschen gehen sollte, fand er schon das einmalige Daseyn, deßen die Gottheit ihn würdigte, des höchsten Dankes werth. Verehrung ihm, der uns schuf und sterben heißt!*

Dass diese Inschrift nicht ausgeführt wurde, lag vermutlich an der ungewöhnlichen Länge des Textes. Stattdessen steht zu lesen: »Es sey kein Trauerort für die Familie Heim«.

Ein stattliches Wandgrab erhielt auch Friedrich Wilhelm Degebrodt (1781-1857), der es als erfolgreicher Holzhändler und Hausschlächter, so

Belle-Alliance-Straße, heute Mehringdamm, mit Garde-Dragoner Kaserne, um 1900

nannte man früher einen Abrissunternehmer, zu Wohlstand gebracht hatte. Sein Lagerplatz befand sich nah der Brücke über den Schafgraben. Degebrodt war auch Besitzer eines Mietshauses, das an der Stelle stand, wo sich heute der Parkplatz der Amerika-Gedenkbibliothek befindet. Der alte Degebrodt war bereits verstorben und sein Sohn hatte das Erbe angetreten, als der von einem England-Aufenthalt zurückgekehrte Theodor Fontane 1859 mit seiner Familie in das Mietshaus zog. Zwischen Mieter und Vermieter kam es mehrfach zum Streit, da der stets Geldnot leidende Fontane die Miete oft unpünktlich bezahlte. Außerdem waren dem Vermieter die drei Kinder des Dichters zu laut, was nach vier Jahren zur Kündigung führte. In seinen Erinnerungen beschreibt Fontane den Hausbesitzer als »außerordentlich kinderfeindlich und geldgierig«.

Gegenüber den Friedhöfen entstand ab 1850 eine Kaserne mit mehreren Exerzierplätzen für die Soldaten des Ersten Garde-Dragoner-Regiments, das zu den vornehmsten Regimentern Preußens gehörte. Der graue Putzbau, erbaut von dem Schinkel-Schüler Wilhelm Drewitz, wirkt damals wie heute mit seinen Zinnen und Ecktürmen abweisend wie eine Trutzburg. Die Kaserne war Ausgangspunkt zur jährlichen Militärparade auf dem zwei Kilometer entfernten Tempelhofer Feld, wo im Frühjahr und Herbst auch die großen Manöver abgehalten wurden. Am 11. Januar 1919 wurden im Innenhof, zur Niederschlagung des Spartakusaufstandes, sieben unbewaffnete Parlamentäre erschossen. Heute sind die Soldaten verschwunden, und die einstigen Schlafräume der Kaserne wurden zu Büroräumen, denn seit 1920 verschanzt sich hinter den kräftigen Mauern das Finanzamt Kreuzberg.

Der Mehringdamm hieß, als die Garde-Dragoner hier noch exerzierten, Belle-Alliance-Straße. Mit dem Namen sollten die Soldaten an ein Gehöft, zwanzig Kilometer südlich von Brüssel, an der Straße nach Genappe

Belle-Alliance-Platz, um 1895, mit der an die Befreiungskriege erinnernden Friedenssäule und der Viktoria von Christian Daniel Rauch

gelegen, erinnert werden. Dort hatten sich im Juni 1815 die Feldherren Blücher und Wellington nach ihrem gemeinsamen Sieg über Napoleon getroffen. Nach 1945 erschien der Name aber nicht mehr opportun, so dass es zur Umbenennung zunächst in Franz-Mehring-Straße und 1947 in Mehringdamm kam. Der 1919 verstorbene Namensgeber war Mitherausgeber der sozialdemokratischen Wochenschrift »Die Neue Zeit«, bevor er 1892 die Leitung der »Freien Volksbühne« übernahm. Außerdem gehörte er zu den Mitbegründern des Spartakusbundes und der KPD.

Die gegenüber einmündende Baruther Straße weckt Erinnerungen an meine Kindheit in Kreuzberg und die ersten sechs Jahre meiner Schulzeit in der Fünften Grundschule. Mein täglicher Weg führte an dem Papierwaren- und Bürobedarfsgeschäft Reimer Nachf. Kuhn, Mehringdamm 33, vorbei. Ein rundes Leuchttransparent warb damals für MK-Papier der Firma Max Krause. Dass ich mich noch heute an die Schreibblöcke und das Briefpapier mit dem Wasserzeichen »MK« erinnere – und das wird vielen Berlinern meines Alters ähnlich gehen –, liegt an dem pfiffigen und einprägsamen Werbespruch der Firma, der ihre Produkte zierte: »Schreibste ihr, schreibste mir, schreibste auf MK-Papier«. Als ich vor einigen Jahren wieder einmal an dem Geschäft vorbeikam, fragte ich den Verkäufer, ob es denn noch diese Schreibblöcke gibt. Ich erfuhr, dass eine andere Büroartikelfirma irgendwann das Warenzeichen übernommen hatte, aber schon seit einigen Jahren die Herstellung unter dem Namen »MK« eingestellt hat. Durch meine Nachfrage ermuntert, suchte der Verkäufer sogar im Keller nach eventuellen Restbeständen und tauchte Minuten später tatsächlich mit einem einzigen Schreibblock auf. Er war kräftig eingestaubt und das Preisschild, noch in DM ausgezeichnet, machte deutlich, dass dieser Block

Jugendclub »Dachluke«, 1970

einige Inventuren miterlebt hat, bevor er anschließend von mir als Beute nach Hause getragen wurde.

Gegenüber, ganz oben unter dem Dach, in der 5. Etage, wo heute die Berliner Kabarett Anstalt BKA ihren Theatersaal hat, existierte seit den sechziger Jahren die »Dachluke«, ein damals äußerst beliebter Jugendclub und Mekka vieler Tanzbegeisterter. Weniger begeistert waren die jüngeren Besucher unter 18 Jahren, die am Eingang ihren Ausweis abgeben mussten, um zu gewährleisten, dass sie entsprechend dem Jugendschutzgesetz um 22 Uhr die »Dachluke« auch wirklich wieder verließen. Wer das ignorierte, für den wurde es richtig peinlich, da er dann, wenige Minuten nach Ablauf der Zeit, über die hauseigene Lautsprecheranlage ausgerufen wurde: »Der 16-jährige Carl-Peter Steinmann möchte bitte sofort am Eingang seinen Ausweis abholen!«

Schon damals gab es gleich nebenan im Hauseingang einen kleinen Currywurststand, der nicht nur bei den Besuchern der »Dachluke« beliebt war. Heute ist »Curry 36« die vielleicht meistbesuchte Anlaufstation für Currywurst-Liebhaber. 24 Stunden ist geöffnet und fast immer herrscht Hochbetrieb am Wurstgrill, wo die Entscheidung »mit oder ohne Darm« eine echte Glaubensfrage ist. An den umlagerten Stehtischen ist nichts davon zu spüren, dass die Currywurst in den letzten zehn Jahren mehr und mehr vom türkischen Döner Kebab verdrängt wurde. Dem traditionsbewussten Esser könnte dies eigentlich auch egal sein, denn beide Zwischenmahlzeiten sind Berliner Erfindungen. In den Nachkriegsjahren hatte Hertha Heuwer eine Wurstbude am Stuttgarter Platz eröffnet. »An einem verregneten Abend des Jahres 1949«, so erzählte sie es später in vielen Talk-Shows, experimentierte sie mit Tomatenmark und verschiedenen Gewürzen, darunter auch Curry.

Zur Soße, die sie später unter dem Namen »Chillup« patentieren ließ, suchte sie dann noch eine knackige Wurst, die beim Braten nicht platzt. »Perfekt war aus ihrer Sicht eine umrötete, fleischige und feste Wurst im Naturdarm, die nach dem Braten in kleine Stücke geschnitten wurde«. Letzteres ist nachzulesen, vermutlich völlig ohne Eigeninteresse, auf der Website des Zentralverbands Naturdarm e.V. Die Currywurst war geboren.

1972 kam Mehmet Aygün auf die Idee, Dönerfleisch, mit Salat im Fladenbrot anzubieten. Der gelernte Fleischer verkaufte dann seine ersten Döner in einem Imbiss am Zoo, nah dem Hardenbergplatz. Wie man überall im Stadtbild sehen kann, hat sich seine Idee sensationell durchgesetzt. Die türkische Originalvariante des Döner wird auf einem Teller mit Reis und Soße serviert. Erst etliche Jahre später fand die Idee als »Reimport« auch den Weg in die Türkei. Mehmet Aygün, der Erfinder des Döner Kebab, verstarb unlängst im Alter von 87 Jahren in einem Kreuzberger Altenheim.

Am Eckhaus Mehringdamm 38 gibt neben der Apotheke eine Gedenktafel Auskunft, dass in diesem Haus der Arzt und Lyriker Gottfried Benn von 1917 bis 1935 eine Praxis für Haut- und Geschlechtskrankheiten betrieb. Die Praxisräume waren damals sein Hauptaufenthaltsort. Benn schrieb seine Gedichte »auf dem Tisch, wo die Uringläser standen und die Tripperspritzen lagen«, nachzulesen in den Erinnerungen seines Freundes und Verlegers Heinz Ullstein (»Spielplatz des Lebens«). Seiner Frau und den Kindern hatte Benn eine Wohnung in der Passauer Straße eingerichtet, in der er ab und an als Besucher auftauchte.

Häufiger als im Kreis seiner Familie traf man ihn, allein oder mit Freunden, auf der gegenüberliegenden Seite der Yorckstraße, wo sich in Nummer 90 das Restaurant »Zum Reichskanzler« befand. Dort trafen sich am 19. November 1922 im Hinterzimmer äußerst unangenehme Gäste, um an diesem Abend unter dem Tarnnamen »Großdeutsche Arbeiterpartei« die erste NSDAP-Ortsgruppe zu gründen. Auch Benn war anfangs von der nationalsozialistischen Idee angetan, erkannte aber schnell seinen fatalen Irrtum, noch bevor er dann selbst Ärger mit den späteren Machthabern bekam.

Nur wenige Meter von der Gaststätte entfernt, heute werden dort Hamburger verzehrt, ragen die markanten Zwillingstürme der Kirche St. Bonifatius 74 Meter in die Höhe. Der Baumeister hat das katholische Gotteshaus direkt in die Straßenfront eingefügt, wobei er sich an eine Verordnung von Friedrich Wilhelm IV. hielt, nach der nur protestantische Kirchen frei auf Plätzen stehen durften.

Über den Durchgang mit der Nummer 89 gelangt der Besucher auf den eindrucksvollen Hof hinter der Kirche. Wohngebäude, wie das Gotteshaus aus rotem Backsteinmauerwerk errichtet, begrenzen die Hofanlage. 1905 kaufte die Gemeinde das 2¾ Morgen große Grundstück von den

Yorckstraße, 1900. Rechts das Eckhaus, in dem später Benn praktizierte, links St. Bonifatius

Erben des Grundbesitzers Wilhelm Riehmer, dem Erbauer von Riehmers Hofgarten, für 1 109 000 Mark. Schon 1893 hatte sich der Fürstbischof, Kardinal von Kopp, um den Kauf des Grundstückes bei Riehmer bemüht, »war aber nicht zum Ziele gelangt, da dieser an alle, nur nicht an Katholiken verkaufen wollte.« Kleine Türmchen, Säulen, Rundbögen und Treppengiebel zeigen, hier wurde beim Bauen nicht gespart. Die Wohnungen gehören der Kirche und bildeten von Anfang an die Grundlage der Finanzierung des Gotteshauses. Mit den eingehenden Mieten wurden die Kredite für Grundstückserwerb und Kirchenbau langfristig getilgt. Wurden die Wohnungen anfangs nur an Mitglieder der Gemeinde vermietet, war später die Religionszugehörigkeit nicht Bedingung.

Neben der Kirche, von Büschen umgeben, war bis vor einigen Jahren ein kleiner Sockel zu entdecken. In meiner Kindheit haben wir Kinder oft auf dem Hof gespielt. Damals schmückte den Sockel eine Statue des heiligen St. Bonifatius, dem Namenspatron der Kirche. Die Bibel in seinen Händen war von einem Dolch durchstochen, was sein gewaltsames Ende symbolisieren sollte. Zu Tode kam der Gottesmann bekanntlich durch die Hände missionsunwilliger Friesen, die sich nicht so ohne weiteres zum Christentum bekehren lassen wollten. Wir Kinder sind mit der Figur nicht immer pfleglich umgegangen und St. Bonifatius musste mehrfach als Marterpfahl herhalten, was er aber überstand. Nun ist die Figur mitsamt ihrem Sockel verschwunden, und ich hoffe, dass die Skulptur nicht dem persönlichen Vorbild entsprechend ein gewaltsames Ende fand.

Der Weg, um die Kirche herum, führt zu einem weiteren Durchgang und wieder zurück zur Yorckstraße. Eine Tafel an der Kirchenwand klärt

Willy Kressmann (links oben), Bezirksbürgermeister von Kreuzberg (1949-1962)

auf, dass 1907, nach vierjähriger Bauzeit, die feierliche Einweihung der Kirche stattfand.

Auf der anderen Straßenseite, von den Bäumen auf dem Mittelstreifen, auf dem früher die Straßenbahn fuhr, je nach Jahreszeit mehr oder weniger verdeckt, steht das Rathaus Kreuzberg. Bei seiner Fertigstellung 1958 war es das erste Hochhaus in Kreuzberg. Den Grundstein hatte der damalige Regierende Bürgermeister Ernst Reuter gelegt. Eine Sensation war für mich als Schüler der Paternoster, der die Angestellten entweder zu ihren Büros oder in die Kantine im zehnten Stock beförderte. Als die erste Angst verflogen war, ich glaubte anfangs tatsächlich, dass nach Erreichen der obersten Etage die Kabine umklappt, und es dann kopfüber abwärts geht, entwickelte sich Paternosterfahren zu meiner Lieblingsbeschäftigung auf dem Weg von der Grundschule zur Wohnung in der Großbeerenstraße 24. Von der Rathauskantine, die einen wunderbaren Panoramablick über die Kreuzberger Dachlandschaft erlaubt, und schon deshalb einen Besuch wert ist, konnte ich direkt in die Fenster der elterlichen Wohnung im vierten Stock sehen. Leider musste der Paternoster inzwischen zwei Fahrstühlen weichen, da seine Zulassung bundesweit 1994 auslief und nur wenige Ausnahmen erteilt wurden.

Der Vorgängerbau des Rathauses steht heute unauffällig im Hof des Neubaus. Ist man weit genug vom Flachbau neben dem Hochhaus entfernt, taucht plötzlich eine kleine Kuppel auf, geschmückt mit einem goldglänzenden Berliner Bären. 1933 besetzte eine SA-Abteilung das Rathaus. Der jüdische Bürgermeister Carl Herz wurde von mehreren Braunhemden

18

gewaltsam vor das Rathaus gezerrt, wo er mehrere Stunden mit einem umgehängten Pappschild stehen musste, das ihn als »Judensau« bezeichnete. Zur Erinnerung an den so Gedemütigten fand nah dem Eingang zum Neubau seine Bronzebüste Aufstellung.

Der populärste Bezirksbürgermeister, den Kreuzberg je hatte, war Willy Kressmann, eine überaus schillernde Persönlichkeit mit vielen Ecken und Kanten. Ältere Berliner bekommen bei der Nennung seines Namens noch heute glänzende Augen. Jüngere erinnern sich, wenn überhaupt, an den Namen »Kressmann-Zschach« und denken damit an Willys dritte Frau, die skandalträchtige Architektin des Steglitzer Kreisels. Kressmann ist nicht mit den heutigen, oft stromlinienförmigen Politikern zu vergleichen. Er war »volksnah« im besten Sinne des Wortes. So ließ er einen »Kummerkasten« am Rathaus anbringen, dem die Kreuzberger ihre Probleme und Ärgernisse anvertrauten konnten. Der Bürgermeister kümmerte sich dann persönlich um die Beschwerden, oft zum Ärger seiner Verwaltung, die er dann auf Trab brachte. Ab dem 85. und den dann folgenden Geburtstagen sowie bei Goldener oder Diamantener Hochzeit konnten die Jubilare mit Kressmanns persönlichem Besuch, einem Blumenstrauß und manchmal auch mit einem Tänzchen rechnen. Kressmann war SPD-Mitglied aus tiefster Überzeugung und Kreuzberger Bürgermeister von 1949, dem Jahr der Berliner Blockade, bis 1962. Probleme mit seiner Partei gab es vielfach und führten schon einmal zum Rauswurf. 1933 emigrierte er und schlug sich erst als Theaterstatist in Prag und anschließend als Möbelträger in der Schweiz durch. Als Bürgermeister wurde er sogar Ehrenbürger von Texas, was ihm in der Presse den Spitznamen »Texas Willy« einbrachte. Als er in den sechziger Jahren die Mauer ein »Ergebnis der Politik des Westens und des Ostens« nannte und obendrein für mehr Interzonenhandel mit der DDR plädierte, wurde er in der SPD zum »Fall Kressmann«.

Bevor sich Berlin nach Südwesten ausdehnte, gab es hier einen Upstall. Mit diesem uns heute nicht mehr geläufigen Namen bezeichnete man einst ein Weidegebiet, das die Dorfgemeinschaft gemeinsam nutzte. Hirten diente der Upstall als Nachtkoppel für ihr Vieh, das sie am nächsten Morgen dann weitertrieben. Tagsüber standen auch die Pferde der nahen Kaserne auf der großen Koppel.

1860 erstellte James Hobrecht den Bebauungsplan für dieses Gebiet vor dem Halleschen Tor, der dann die Grundlage der Stadterweiterung war. Damit begann die Stunde der Spekulanten, die ein gutes Geschäft witternd, innerhalb kürzester Zeit soviel wie möglich an Grund und Boden aufkauften. Fast alle erhaltenen Altbauten dieses Viertels entstanden in den darauf folgenden Jahren.

Zu denen, die sehr früh den rasant steigenden Wert der Grundstücke erkannten, gehörte auch der Baumeister Wilhelm Riehmer. Er erwarb preiswert 27 ehemalige Upstall-Grundstücke, die er in den folgenden Jahren dann mit Mietshäusern bebaute. Riehmer wurde 1830 am Belle Alliance Platz geboren. Sein Vater, Mitglied der Böhmisch reformierten Brüdergemeine, war einige Jahre zuvor wegen religiöser Verfolgung von Böhmen nach Berlin zugewandert. Sohn Wilhelm hatte den Beruf des Maurers erlernt und machte sich nach Erhalt des Meisterbriefes selbstständig. Er heiratete Louise Lehmann, die Tochter eines Holzhändlers, die in den folgenden Ehejahren 14 Kinder zur Welt brachte, von denen aber einige schon kurz nach der Geburt verstarben.

Von dem Areal, das heute Yorckstraße, Großbeerenstraße, Hagelberger Straße und Mehringdamm begrenzen, gehörte Riehmer der weitaus größte Teil. Seine Bauplanungen sahen eine stattliche Hofgartenanlage vor, die drei Straßen miteinander verbinden sollte. Vorbild war der Heinrichshof an der Ringstraße in Wien. Von Anfang an wusste Riehmer, dass die Behörden der Anlage einer Privatstraße nicht zustimmen würden. So unternahm er erst gar keinen Versuch, einen Antrag für den gesamten Komplex zu stellen und wählte stattdessen die Salamitaktik. Er begann mit den zwei Eckhäusern zur Hagelberger Straße, obwohl er nur für das linke eine Baugenehmigung hatte. Gleichzeitig lancierte er einen Presseartikel, der im Januar 1881 im Lokalteil der Zeitung »Hallescher Thor-Bote« unter der Überschrift »Eine neue Straße« erschien: »Das zwischen der Yorck- und Hagelberger Straße dem Maurermeister Riehmer gehörige Terrain wird zur Anlage einer mit der Großbeeren- parallel laufenden Verbindungsstraße benutzt werden. In der Hagelberger Straße hat man bereits mit dem Bau eines Eckhauses begonnen, während, wenn es die Witterung irgend erlaubt, das andere Eckhaus sofort nach Räumung des Kohlenplatzes ausgeschachtet werden soll. Die Straße dürfte vorläufig den Charakter einer Privatstraße, wie z.B. Heinrichshof haben, da ein Bedürfniß zu ihrer Anlage seitens der Stadt nicht vorliegt«.

Die Baubehörden, die von diesem Vorhaben erst aus der Zeitung erfuhren, fühlten sich hintergangen und verhielten sich in der Folgezeit nicht sehr kooperativ. Als wenige Tage nach dem Artikel der Antrag auf den Bau des zweiten Eckhauses gestellt wurde, reagierte die Behörde entsprechend: »… Ich mache darauf aufmerksam, daß Riehmer beabsichtigt, durch diese Bauten nach und nach zwischen der Hagelberger Straße 9 und 12 eine bis zur Yorckstraße führende Privatstraße entstehen zu lassen. Er brüstet sich bereits in publicum damit, daß ihm infolge der erteilten Bauerlaubnis zu den beiden Eckhäusern eine Erlaubnis zur Anlegung jener Privatstraße gar nicht notwendig erscheine. Er unterlässt es deshalb auch, die respektablen Bauanträge selbst zu stellen«.

Das war nur das Vorspiel, die darauf folgenden gerichtlichen Auseinandersetzungen zogen sich über sieben Jahre hin. Zwischenzeitlich mussten

Haupteingang zu Riehmers Hofgarten, 1964

die Bauarbeiten mehrfach unterbrochen werden, bis endlich, nach elfjähriger Bauzeit, 1892 alle Wohnhäuser um die Privatstraße herum fertiggestellt waren. Anzumerken bleibt, dass der streitbare und clevere Bauherr alle Prozesse gegen die Baupolizei gewonnen hat. War es nur die Freude am Streit mit den Behörden oder warum wollte Riehmer unbedingt eine Privatstraße bauen? Sein Hofgarten besteht aus 24 Wohnhäusern. Gäbe es die kleine Straße nicht, wären der größte Teil der Gebäude Hinterhäuser. So aber sind alle Gebäude des Ensembles Vorderhäuser und diese bringen erheblich höhere Mieteinnahmen, woran sich bis zum heutigen Tag nichts geändert hat.

Yorckstraße 84, neben einem Bestattungsunternehmen mit dem passenden Namen »Heimkehr«, ist der Haupteingang zu Riehmers Hofgarten. Vor Betreten der Anlage lohnt ein Blick auf die äußere, prachtvoll gestaltete Fassade. Zwei kräftige Herren, ein junger und ein alter, haben die schwere Aufgabe übernommen, das Portal zu stützen. Zwischen den strammen Männern, umrankt von Lorbeer, ist die Bauzeit 1891 bis 1892 zu lesen. Es ist das zuletzt fertiggestellte Gebäude des Hofgartens. Ganz oben in der Mitte sind große Atelierfenster zu erkennen. Auch den anderen Wohnungen ist schon von außen anzusehen, dass sie sehr großzügig gebaut wurden.

Hat man den Innenhof erst einmal betreten, dringen nur noch wenige Verkehrsgeräusche von der lauten Yorckstraße in den Hof. Plötzlich macht sich das Gefühl breit, sich in einer Oase der Ruhe zu befinden. Die alten Fassaden, Gaslaternen und Kopfsteinpflaster, alles erinnert an eine andere, lang zurückliegende Zeit. Mehrere Innenhöfe öffnen sich zu der kleinen Privatstraße. Einige alte Bäume, von denen sich einer bedenklich neigt, sorgen für Schatten, ohne die Wohnungen zu sehr zu verdunkeln. Am Hauseingang mit der Hausnummer 84 B wird der Besucher mit dem alten römischen »Salve« begrüßt. In der Hofmitte eine Bronzeskulptur des 2006 verstorbenen Bildhauers Gerson Fehrenbach, der in einem der Häuser sein Atelier hatte.

Riehmers Hofgarten besteht aus 24 Wohnhäusern mit insgesamt 270 Wohnungen, in denen mehr als sechshundert Menschen leben. Der Heinrichshof in Wien, der dem Baumeister als Vorbild diente, wurde im Krieg vollständig zerstört, während dieser Hofgarten nur geringe Kriegsschäden zu beklagen hatte. 1985 beschrieb der hier wohnende Journalist und Schriftsteller Heinz Ohff die Mietermischung in den Häusern: »So wohnen denn in Riehmers Hofgarten, dem ehemalig hochherrschaftlichen, friedlich zusammen: Rentner, kleine Gewerbetreibende, Angestellte, Studenten, Arme und Wohlhabendere, Wohngemeinschaften und Abgeordnete der Alternativen Liste, Prominenz (unter anderem der Theaterregisseur Dresen, der Schriftsteller Jurek Becker, der Maler Walter Stöhrer), junge Familien, Künstler und Kunsthändler – wie der Galerist Georg Nothelfer. Eine solche Mischung ist (...) stimmig, weil sie gleichsam einen Schnitt durch die Sozialstruktur von Berlin 61 legt, mit einer Ausnahme: der Ausländeranteil ist geringer als sonst in Kreuzberg.«

Die kleine Straße führt geradeaus zur Hagelberger Straße. Das Wohnhaus links vom Tor, war der erste fertiggestellte Bau und der Beginn des langjährigen Streits mit den Baubehörden. Seit seiner Fertigstellung gab es ein Bierlokal im Haus, das bei den Anwohnern äußerst beliebt war und wo das Bier vom Hahn für den Hausgebrauch, noch bis in die fünfziger Jahre, in Siphons verkauft wurde. Heute ist aus der Bierkneipe ein Speiserestaurant geworden, in dem der Koch österreichische Küche pflegt.

Ausners Restaurant, Hagelberger Straße 9-12, 1972. Heute: Restaurant Riehmers

Werfen wir noch einen Blick in die Hagelberger Straße. Sie sollte ursprünglich, parallel zur geplanten Yorckstraße, geradewegs nach Schöneberg weitergeführt werden. Die Eisenbahnstrecke mit dem nahen Anhalter Bahnhof durchkreuzte aber die Planungen. Von Schöneberg kommend musste nun die Yorckstraße nach links ausweichen und schnitt so den Verlauf der kleinen Hagelberger Straße. Neben dem bereits erwähnten Lokal eröffneten nach Abschluss der Bauarbeiten weitere Gaststätten in der Straße, darunter auch ein sogenanntes »Damenlokal«, zu dem aber nur Männer Zutritt hatten. Von den einstigen Gewerbebetrieben dieser Straße sind drei besonders erwähnenswert:

Das älteste Fabrikgebäude ist das Haus mit der Nummer 50. Fast hundert Jahre produzierte hier die Dampfwattefabrik Wagner und Wolf als damals einzige ihrer Art in Deutschland, Watte für Medizin, Abdichtung und Verpackung. Erst 1961 stellte die Firma ihre Produktion ein und die Planta-Tabakmanufaktur, ein traditionsreicher Familienbetrieb, kaufte die Fabrikgebäude. Von da an, bis in die achtziger Jahre, zog der charakteristisch süßliche Geruch von Tabak durch die Straße. Danach wurde die Produktion nach Reinickendorf verlagert, während die Verwaltung und ein Pfeifenstudio am Traditionsort verblieben.

Lange Zeit war der größte produzierende Betrieb der Straße die Luxuspapierfabrik Prager & Lojda. Bis 1898 hatte die Firma ihren Sitz in der Friedrichstraße. Dann erwirbt sie das Grundstück Nr. 53-54 und bebaut es zur Straße hin mit einem Wohnhaus und Fabrikgebäuden im zweiten und dritten Hof. 150 Beschäftigte stellten edelste Fein- und Luxuspapiere her, größtenteils für den Export. Die zur Produktion benötigte elektrische

Energie erzeugte die Firma in einer eigenen gasbetriebenen Anlage. In den zwanziger Jahren übernahm der Zeitungsverleger Rudolf Mosse die Mehrheit an Prager & Lojda.

1932 kaufte Max Lindemann den gesamten Gebäudekomplex. Ihm gehörte die erfolgreiche Firma Etam (Etablissement Mayer GmbH), die zuvor schon Trikotagen und Strümpfe in der Hagelberger Straße fertigte. Etam nutzte nun den gesamten Fabrikgebäudekomplex und auch die Vorderhäuser, in denen die Büros untergebracht waren. Da Max Lindemann Jude war, »arisierten« die Nazis sein Unternehmen und Lindemann blieb nur die Flucht ins Ausland. Nach dem Krieg musste der aus dem Exil Zurückgekehrte mehrere Prozesse gegen die Strumpffabrik Robert Götze führen, dem die Nazis das Unternehmen günstig »übereignet« hatten. Langwierige Verfahren waren nötig, bis Lindemann 1952 wieder Herr im eigenen Haus sein durfte.

Ein weiterer Ausgang des Hofgartens führt zur Großbeerenstraße. Auch hier beeindruckt die Gestaltung der Außenfassaden. Neben dem Durchgang existierte seit 1965, viele Jahre lang, ein winziges privates Kinomuseum. Der Betreiber stellte alte Programmhefte, Filmplakate und Requisiten aus und zeigte in einem winzigen Kinoraum ein regelmäßiges Programm zur Filmgeschichte.

In der Großbeerenstraße 54 fällt ein Lokal durch alte handgemalte Außenwerbung auf, die man so nur noch selten im Stadtbild findet. 1889 eröffnete hier eine erste Schankwirtschaft. Bis 1905 wechselten mehrfach die Wirte, dann wurde Paul Anders neuer Pächter. Neben dem Bierausschank betrieb er einen Weinhandel und produzierte nebenbei noch eigene Liköre. Schaut man sich die Fassadenbemalung genauer an, ist unten links der Name des Plakatmalers Petsch zu entdecken, der schräg gegenüber in der Großbeerenstraße 34 wohnte und arbeitete. Es heißt, dass Petsch beim Wirt einen dicken »Zettel« offen hatte, den er auf diese Weise abarbeitete.

Im Hinterhof des Hauses Nr. 54-55 existierte seit 1900 eine Parkettfabrik. Sie war durch die kreischenden Geräusche einer großen Sägemaschine bei den gutsituierten Mietern des Hofgartens, wie man auch verstehen kann, nicht beliebt. Mehrere gerichtliche Auseinandersetzungen führten nach einigen Jahren zur Verlagerung des Betriebes. 1909 eröffnete dann nach einem Umbau der Räumlichkeiten das Richtersche Privatlyzeum für höhere Töchter. Im Erdgeschoss, wo zuvor das Parkett geschnitten wurde, entstand ein Turnsaal, ein großer Unterrichtsraum sowie jeweils ein Lehrer- und Lehrerinnenzimmer. Aus den Fabrikräumen der ersten und zweiten Etage wurden insgesamt acht Klassenzimmer. Um noch zusätzliche Schulräume zu schaffen, wurde das Gebäude um eine Etage aufgestockt. Das Richtersche Privatlyzeum existierte bis 1928. Das zwischenzeitlich verbesserte staatliche Schulwesen und die Folgen der Weltwirtschaftskrise nahm den vielen Privatschulen, die es bis dahin gab, ihre Existenzgrundlage.

Trotzdem eröffnete bereits wenige Monate nach der Schließung die Freie Schule Berlin ihren Lehrbetrieb. Sie war 1928 in einem Hinterhaus der Genthiner Straße gegründet worden. Träger war der Waldorfschulverein, der nach dem pädagogischen Konzept Rudolf Steiners die Reformschule betrieb. Herrschte anfangs noch Schülermangel, entwickelte sich die Schule in den nächsten Jahren so gut, dass sie schon nach fünf Jahren in größere Räumlichkeiten nach Charlottenburg umzog. Da sich kein neuer Mieter fand, entschloss sich der Besitzer zum Umbau in ein Mietshaus.

Als ich hier aufwuchs, existierte auf der anderen Straßenseite im Hinterhaus noch ein Kuhstall, der die Bewohner des Viertels mit Milch versorgte. In einem winzigen weiß gekachelten Verkaufsraum wurde aus einem Becken mit Hilfe eines Litermaßes die Milch in mitgebrachte Emaille- oder Aluminiumkannen geschöpft. Die Milchkühe verbrachten ihre gesamte Lebenszeit im Hinterhaus. Sie kamen als Kälbchen und wuchsen auf zum Milchfabrikanten. Wenn dann irgendwann die Milch weniger sprudelte, kam der Metzger und die Kuh wurde nun Fleischfabrikant. In Einzelteilen, fachgerecht zerlegt, verließ die Kuh nun endgültig das triste Hinterhaus. Ein neues Kälbchen nahm ihren Platz ein und der Kreislauf eines Berliner Milchkuhlebens begann erneut.

Großbeerenstraße 40, nicht weit vom Kreuzberg entfernt. Einst ein stattliches Gründerzeitwohnhaus, das im Krieg zerbombt und später abgetragen wurde. Im Parterre wohnte in einer Dreizimmerwohnung, mit Blick auf den Hinterhof, der Wirkliche Geheime Rat Baron Friedrich von Holstein. Der Diplomat galt als »Graue Eminenz« unter Bismarck. Der breiten Öffentlichkeit weitgehend unbekannt, schien er alle Fäden der Außenpolitik in seinen Händen zu halten. Keinerlei Luxus war in seiner Wohnung zu entdecken. Der eingefleischte Junggeselle wurde von einer ältlichen Haushälterin versorgt, die Holstein bis zu seinem Tod im Jahre 1909 treu ergeben war. In dieser Parterrewohnung empfing er in privater Atmosphäre zahlreiche ausländische Politiker und hochgestellte Würdenträger, die zum großen Teil wegen der hervorragend kochenden »Hausperle« den Weg nach Kreuzberg fanden. Hatte diese ihren freien Tag, besuchte Holstein sein Lieblingsrestaurant, den »Großbeerenkeller«, nur zehn Fußminuten entfernt, am anderen Ende der Großbeerenstraße, zwischen Landwehrkanal und Stresemannstraße. Hier saß er gerne, trank seinen Wein, während der damalige Wirt ihm sein »Schnitzel á la Holstein« zubereitete. Das zarte Kalbschnitzel wurde mit Trüffelpaste bestrichen und mit einem Spiegelei und etwas Kaviar gekrönt. Dazu gab es gedünstetes Gemüse der Saison und wechselnde Beilagen. Der »Großbeerenkeller« wird noch heute wegen seiner deftigen Küche und der urigen Kelleratmosphä-

Straßenbahnfahrer mit einem Wagen für die Fahrerausbildung, Kreuzbergstraße, 1911

re geschätzt. Seine Wände zieren zahlreiche Fotos von Schauspielern der Vor- und Nachkriegszeit, die durch die Nähe des Hebbel Theaters oft hier einkehrten und so manche Premiere feierten. Heute wird die Außenpolitik à la Holstein bei weitem nicht mehr so positiv eingeschätzt. Veröffentlichungen der fünfziger und sechziger Jahre machen ihn verantwortlich für die Fehlentscheidungen der deutschen Außenpolitik nach Bismarck. »Bei schlechthin allem, was sich für das Reich als verderblich erwies, sollte sein Einfluss den Ausschlag gegeben haben: der Entfremdung von Russland, dem Scheitern eines Bündnisses mit England (…) und schließlich den Folgen, dem Ersten Weltkrieg.«

Von der Großbeerenstraße geht es nach rechts in die Hagelberger Straße. Bis zur parallel verlaufenden Kreuzbergstraße erstreckte sich das 1865 erbaute Depot der Großen Berliner Pferdeeisenbahngesellschaft. Die Bahn fuhr auf Schienen, wurde aber von Pferden gezogen. 1900 hielt die Moderne Einzug und aus der Pferdebahn wurde die »Elektrische«. Die Depotbauten blieben erhalten und wurden entsprechend den neuen Anforderungen ausgebaut. Sie erfüllten ihren Zweck bis in die sechziger Jahre, als im Westteil Berlins das Aus für die Straßenbahnen beschlossen wurde. Bald darauf verschwanden die alten Klinkerbauten des Depots und nach und nach auch die Straßenbahnschienen im Asphalt der umliegenden Straßen.

Die Häuser in der nahen Möckernstraße mit den Hausnummern 68 und 69, zwei Stadtvillen, fallen dem aufmerksamen Betrachter sofort auf. Es sind die ältesten Häuser der Straße, die Nummer 69 gebaut im Jahr

Möckernstraße 69, um 1960

1873, das Nachbarhaus elf Jahre später. Zu dieser Zeit gab es Pläne für eine Villenbebauung am Rand des Kreuzbergs, die aber bald wie Seifenblasen zerplatzten. Beide Häuser sind sogenannte Fabrikantenvillen. Zur Straße hin zeigt sich das Wohnhaus schlicht, der Villencharakter offenbart sich erst zur Gartenseite, wo von der Terrasse einige Stufen abwärts in den Garten führen, der damals teils als Ziergarten, teils als Küchengarten genutzt wurde. Dahinter, gut im Blick des Fabrikbesitzers, die Produktionsstätten. Früher hat es auf dem Grundstück des Hauses Nr. 69 süßlich nach Lilienseife und »Uralt Lavendel« geduftet, den beiden erfolgreichsten Produkten des Parfumfabrikanten Gustav Lohse. Hatte die 1831 gegründete Firma zuvor ihren Sitz in der Innenstadt, produzierte Lohse nun hinter der Kreuzberger Villa. Seine Düfte, fast jede Dame fortgeschrittenen Alters liebte »Uralt Lavendel« in seinem dunkelgrünen Flakon, machten Lohse wohlhabend und brachten ihm den Titel Hoflieferant ein und damit den Zugang zu den Höfen Europas.

Vom Durchgang zum Hof führen wenige Stufen abwärts zu zwei Türen. Dahinter befand sich, wie bei vielen Berliner Häusern einst üblich, die Portierswohnung. Meist konnten die Portiersleute durch ein kleines Fenster genau beobachten, wer das Haus betrat oder verließ. Hausierer und Bettler wurden erst gar nicht in das Haus gelassen, sondern an der Haustür abgewimmelt. Aber auch als Mieter tat man gut daran, sich mit den Portiers gut zu stellen. Denn wer des Nachts ohne seinen Hausschlüssel vor der Tür stand, die selbstverständlich auf die Minute pünktlich um zwanzig

Möckernstraße 68 und 69, um 1960

Uhr abgeschlossen wurde, hatte gegen ein Trinkgeld die Möglichkeit, den Portier herauszuklingeln und so doch noch in das Haus zu gelangen. Der Portier übernahm auch kleinere Reparaturen, war für die Pflege des Hauses zuständig und nahm für abwesende Mieter Post und Pakete an.

Das Nachbargrundstück Nr. 68 erwarb 1872 die Witwe Clara Kindermann, ließ es aber erst 1884 bebauen. Hinter ihrer Villa entstand nun die Lampenfabrik Paul Felix Kindermann. Beide Firmen, Lohse und Kindermann, waren gleichermaßen im In- und Ausland erfolgreich und gehörten 1913 zu den Welt-Firmen Berlins. Das Wohnhaus Nr. 70, das auch an die Lohse-Villa grenzt, diente 1978 als Kulisse für die erfolgreiche Literaturverfilmung »Ein Mann will nach oben«. 13 Folgen wurden für das Fernsehen produziert. Die junge Ursela Monn als Rieke Busch und der noch schlanke Rainer Hunold als Karl »Kalli« Flau spielten in der außerordentlich beliebten Fallada-Verfilmung die Hauptrollen. In diesem Haus befand sich auch die Wohnung des Paares. Für beide Darsteller war die Möckernstraße der Beginn einer steilen Schauspielerkarriere.

Es gelingt nicht immer, den Hausflur des Wohnhauses Kreuzbergstraße 29 ohne Haustürschlüssel zu betreten. Manchmal ist aber die Durchfahrt nebenan unverschlossen und man gelangt so von der Seite aus in den Eingangsbereich. Zu beiden Seiten sind alte Wandbilder, die schon stark nachgedunkelt sind, zu entdecken. Sie zeigen Ansichten des Berges und der Kreuzbergstraße im Jahr 1888. Gegenüber auf der anderen Straßenseite beginnt dann der Aufstieg auf den Kreuzberg, der dem Stadtteil seinen

Der Kreuzberg mit Nationaldenkmal von der Großbeerenstraße aus gesehen, vor 1900

Namen gab. Bevor es aber nach oben geht, sollte zuvor seine Schokoladenseite bewundert werden. Die beste Stelle dazu ist die Kreuzung der Großbeerenstraße mit der Kreuzbergstraße.

Links vom Wasserfall die Osteria N° 1, die 1977 am Fuße des Kreuzberg-Wasserfalls gegründet wurde und so zu Recht als »Mutter aller Berliner Osterien« gilt. Allen gastronomischen Trends trotzte sie bisher erfolgreich mit einer guten Mischung aus solider und leichter italienischer Küche. Wer bei lauer Abendluft einen Sitzplatz im Garten ergattert, wird spätestens nach dem zweiten Glas Wein den Unterschied zwischen dem Kreuzberger Nordhang und den sanften Hügeln der Toskana vergessen haben.

Direkt gegenüber, auf der anderen Straßenseite, hat sich ein weiteres Restaurant am Fuße des Kreuzbergs etabliert, das »Vereinszimmer«. Die Lokalität besteht aus einem Restaurant und einem Feinkostgeschäft, das mit lecker belegten Tramezzini und hausgemachtem Kuchen lockt. Hier tummelt sich hauptsächlich Stammpublikum, das sich gerne am Vormittag dem Verzehr italienischer Backwaren und süßen Kleinigkeiten hingibt, dazu trinkt man Caffè oder Arranciata. Ab Mittag gibt es eine kleine, aber reizvolle Auswahl wechselnder Tagesgerichte.

Früher, als der Berg nur ein kahler Sandberg war, trug er den Namen Templower Berg. Seit dem 16. Jahrhundert wurde an seinen Hängen Wein angebaut, was sich sogar gelohnt hat. Aus alten Aufzeichnungen geht hervor, dass bis zu 13 Tonnen roter und weißer Wein verarbeitet wurden und dieser bis nach Russland seine Abnehmer fand. Als dann ein Weinbauer mit Namen Goetze den Sandhügel pachtete, war es fortan Goetzens Weinberg. Die Kreuzbergstraße, sie existierte nur als Sandweg, hieß dann entsprechend Weinmeisterweg. Nur wenige Häuser, zumeist von den hier tätigen Weinmeistern und ihren Familien bewohnt, säumten den Wegesrand. Ein ungewöhnlich kalter Winter im 18. Jahrhundert beendete dann den Weinanbau in nur einer eiskalten Nacht. Alle Weinstöcke wurden durch den Frost vernichtet, was für die Winzer den Ruin bedeutete. Seither wurde auf dem Berg in nennenswerten Mengen kein Wein mehr angebaut.

Am 19. September 1818 legten Friedrich Wilhelm III. und der russische Zar Alexander I. oben auf dem 66 Meter hohen Berg, gemeinsam den Grundstein für ein Nationaldenkmal zur Erinnerung an die Freiheitskriege von 1813 bis 1815. Im Anschluss an die Grundsteinlegung fand eine große Truppenparade auf dem Tempelhofer Feld statt. Das Denkmal, nach einem Entwurf von Karl Friedrich Schinkel, wurde in der Königlichen Eisengießerei zu Berlin gegossen und am siebten Jahrestag des Einzugs preußisch-russischer Truppen in Paris, am 30. März 1821, aufgestellt. Das Eiserne Kreuz oben auf dem Denkmal gab nun dem Berg den neuen amtlichen Namen »Kreuzberg«. In den Nischen sind die Schutzgöttinnen und Schutzgötter der entscheidenden Schlachten der Freiheitskriege zu sehen. Ihnen wurden die Gesichter berühmter Heerführer und Herrscher verliehen. So sind auch die Gesichtszüge von Zar Alexander I., der Königin Luise und von Friedrich Wilhelm III. zu entdecken.

Bei der Einweihung stand das Denkmal noch ohne den heutigen Sockel auf dem kahlen Berg, von dem der Betrachter eine hervorragende Rundumsicht hatte. Das änderte sich mit der einsetzenden Mietshausbebauung, die dem starken Anwachsen der Bevölkerung Rechnung trug. Außerdem hatten sich, um das Denkmal herum, angepflanzte Bäume gut entwickelt, die nun die Aussicht behinderten. Um den ungetrübten Blick wieder herzustellen, errichteten Bauarbeiter 1878 den mächtigen Sockel, auf dem anschließend das Eisengussdenkmal Aufstellung fand. Gleichzeitig wurde das Denkmal etwas gedreht und dabei auf die Achse der Großbeerenstraße ausgerichtet.

Nun war das Nationaldenkmal auch aus der Ferne gut zu sehen. Ansonsten war der Anblick des zerklüfteten Berges, er wurde seit einigen Jahren teilweise als Kiesgrube genutzt, nicht unbedingt schön. Um nun ein würdigeres Umfeld zu schaffen, mussten zuerst die Besitzer der Kiesgrube, die Brüder Gericke, zum Verkauf bewegt werden, was nicht einfach war, da diese neben dem Kaufpreis erhebliche Zugeständnisse beim Bau einer geplanten Villenkolonie am Rand des Kreuzberges als Gegenleistung forderten. Außerdem verlangten sie für geplante Häuser an der Ecke Kreuzbergstraße mit der Großbeerenstraße eine Genehmigung für vier Etagen, obwohl die Baubehörden nur zwei vorgesehen hatten. So vergingen noch viele Jahre, bis der Berg in einen Park umgewandelt werden konnte.

1888 begannen die Arbeiten unter Leitung des Gartenbaudirektors Hermann Mächtig. Er versuchte nicht, die zerklüfteten Teile der Kiesgrube aufzufüllen, er bezog die Narben des Berges mit in seine Planung ein. So entstand an der tiefsten Stelle der einstigen Kiesgrube eine von hohen Bäumen beschattete Wolfsschlucht, mit einem kleinen Teich am tiefsten Punkt. Das Wegenetz passt sich den vorgefundenen Bedingungen an und schlängelt sich, mal auf mal ab, durch die schöne Parkanlage. Damit auch bei starken Regenfällen das Erdreich an den Hängen nicht herausgespült wird, leitete Mächtig das Wasser über unzählige Gräben und Terrassen ab.

Kernstück der Parkanlage ist der große Wasserfall, dessen Wasser sich von oben über mehrere Terrassen in Richtung Großbeerenstraße in einen Teich ergießt. Die Felsen und kleineren Steine, über die das Wasser plätschert, stammen aus der riesigen Tagebaugrube in Rüdersdorf, wo sie der Gartenbaudirektor selbst ausgewählt hatte. Damit das Wasser, immerhin dreizehntausend Liter pro Minute, sich so kraftvoll nach unten stürzen kann, muss es auch immer wieder nach oben transportiert werden. Dafür sorgt eine kräftige Pumpe, die anfangs noch von einer Dampfmaschine angetrieben wurde. Sie wurde im Keller des ehemaligen Gärtner- und Parkwächterhauses eingebaut, das wie ein Forsthaus ausschaut und 150 Meter vom Wasserfall entfernt an der Kreuzbergstraße steht. Neben dem Teich wurde die Bronzeplastik des Bildhauers Ernst Herter aufgestellt, die nicht zu Unrecht »Der seltene Fisch« heißt, da sich im Netz des Fischers eine Seenixe verfangen hat. Der Wasserfall, der nur in den Sommermonaten sprudelt, wird nachts illuminiert. Seine Fertigstellung wurde 1893 mit einem großen Volksfest und Feuerwerk gefeiert. Beides wiederholt sich jährlich, denn immer zum Ende der Sommerferien finden im Park die »Kreuzberger Festlichen Tage« statt.

Nach seiner Fertigstellung erhielt die neue Parkanlage den Namen Viktoriapark. Namensgeberin war nicht, wie oft angenommen, die gleichnamige Siegesgöttin, sondern Kaiserin Victoria, Gemahlin Friedrichs III. und älteste Tochter der Queen Victoria von England.

Wer den Berg erklommen und auch noch die Treppen zum Nationaldenkmal geschafft hat, wird mit einem wunderbaren Blick über die Kreuzberger Stadtlandschaft belohnt. In Richtung Norden erheben sich die Doppeltürme von St. Bonifatius und weiter entfernt die Turmbauten am Gendarmenmarkt sowie rechts davon die Kuppel des Berliner Doms. In südlicher Blickrichtung, angrenzend an die Parkanlage, ist in den vergangenen Jahren, langsamer als es sich die Investoren wünschten, das Viktoria Quartier entstanden.

Das fünfzigtausend Quadratmeter große Areal gehörte von 1892 bis

1997 der Schultheiss Brauerei. An sie erinnern noch die alten Klinkerbauten zwischen den seither errichteten Neubauten. Einige der Gebäude sind ehemalige Pferdeställe, denn Schultheiss belieferte noch bis 1981 die Bierlokale der Nachbarschaft mit Pferd und Wagen. Seither ist das markante Klappern der Hufe auf dem Kopfsteinpflaster der Methfesselstraße verstummt. 1994 wurde der Brauereibetrieb eingestellt und drei Jahre später erfolgte der Verkauf an einen Investor, der in den historischen Gebäuden und in zusätzlich errichteten Neubauten eine Mischung von Lofts zum Wohnen und Arbeiten für junge kreative Menschen entstehen lassen wollte. Außerdem sollte Kultur stattfinden, angedacht war die Ansiedlung der Berlinischen Galerie und natürlich einige Läden, ein Café und Restaurant. Auch mit klassischen Hofkonzerten und niveauvollen Events wurde geworben. Bald darauf war der Investor pleite.

Es folgte Stillstand und dann ein neuer Investor mit neuen Plänen und dem Werbeslogan »Unser Konzept heißt: Urlaub im Alltag«. Es entstehen zur Zeit Eigentumswohnungen und Stadthäuser der gehobenen Preisklasse, dazu ein Fitness-Center und ein Hotel. Von Kultur, Arbeiten, Veranstaltungen, Läden, Café und Restaurant spricht niemand mehr. Vielleicht ist so die nächste Pleite schon absehbar, denn wer sich hier ein teures Eigenheim kauft, der hat auch gewisse Erwartungen an das Umfeld.

1829 eröffneten die Brüder Gericke, die mit ihren Kiesgruben den Kreuzberg »durchlöcherten«, an der heutigen Methfesselstraße ein Vergnügungslokal unter dem Namen »Tivoli«. Dazu gehörte auch ein im Biedermeierstil errichteter Rummelplatz mit Rutschbahn, Schiffschaukeln und anderen Attraktionen. Die ganze Anlage sollte von einem Landschaftsgarten mit kleinen Sommerhäusern und einem Schwanenteich umgeben werden. Dazu kam es aber nicht, da die Gäste sich nicht bereit zeigten, die überhöhten Preise für die angebotenen Vergnügungen zu zahlen. Sie blieben einfach weg und zwangen dadurch 1839 die Wirte zum Verkauf. Drei Jahre später versuchte ein neuer Wirt sein Glück, aber der große Erfolg wollte sich auch bei ihm nicht einstellen. Der Betreiber hielt durch bis 1856, dann brannte das Etablissement in einer Nacht »aus ungeklärten Gründen« nieder.

Ein Jahr später kaufte ein finanzstarkes Konsortium das gesamte Areal und gründete die »Berliner Brauerei-Gesellschaft Tivoli«. Anschließend begannen die Bauarbeiten an den Brauereigebäuden unter Leitung des Königlichen Hofbaumeisters A. Hahnemann, von denen ein Teil im Viktoria Quartier noch erhalten ist. Außerdem entstand eine neue große Gartenwirtschaft, diesmal mit einem Festsaal. Nach Abschluss aller Arbeiten wurde 1860 die Tivoli-Brauerei mit einem Festakt feierlich eröffnet. Im Biergarten fanden nun regelmäßig Militärkonzerte und andere Veranstaltungen statt, die vom Publikum meist gut besucht waren. Als Schultheiss später die Brauerei komplett übernahm, entstand im Eingangsbereich der

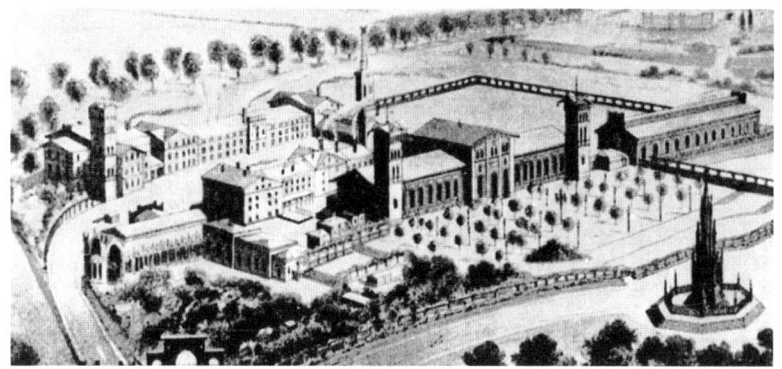

»Berliner Brauerei-Gesellschaft Tivoli«, um 1860

Brauerei der markante, burgartige Rundturm. Diente das Erdgeschoss als Gaststätte, befanden sich in den oberen zwei Etagen mehrere Wirtschaftsräume und zwei Pförtnerwohnungen. Der anfangs starke Publikumszulauf wurde durch den Ersten Weltkrieg gestoppt. Als auch nach Kriegsende die Gäste wegblieben, beschloss die Schultheiss Brauerei, die Gastronomie komplett einzustellen.

Auf der anderen Seite der Methfesselstraße fällt die Stadtvilla Nummer 23-25 mit ihren großen Sprossenfenstern im Erdgeschoss dem Betrachter auf. Das Haus ist ungewöhnlich, zumal es zwei unterschiedliche Adressen gibt. Die Merkwürdigkeit entdeckt man erst von der dahinter liegenden Straße aus am Haus Wilhelmshöhe 11. Hatte die Stadtvilla zur Methfesselstraße nur zwei Etagen, sind es auf der Rückseite vier. Verantwortlich dafür waren wieder einmal die Brüder Gericke. Sie zerklüfteten mit ihren Kiesgruben nicht nur den Kreuzberg, sondern auch das Gebiet zwischen der Methfesselstraße und dem Mehringdamm. Sie beuteten die Grube aus, bis sie so tief war, dass die Methfesselstraße, die damals noch Lichterfelder Straße hieß, abzustürzen drohte. Als die Polizei daraufhin die Straße sperrte, verkaufte eine Tochter der Gericke-Brüder das »Loch« mit großem Spekulationsgewinn an den Geheimen Finanzrat Kühnemann und den Kaufmann Paul Pinkus Munk. Die beiden Finanziers gründeten dann die »Villen-Sozietät Wilhelmshöhe«, um hier für eine zahlungskräftige Kundschaft, gedacht wurde an Fabrikanten und Offiziere der nahen Kaserne, eine Villenkolonie zu errichten. Bei der Planung griff man einen Entwurf von Lenné auf, der schon lange vor seinem Tod eine Villenkolonie am Fuße des Kreuzberges angedacht hatte.

Die stadtbekannten und allseits gelobten Architekten Böckmann und Ende sollten insgesamt vierzig Villen errichten, alle mit Anschluss an die Kanalisation. Dazu eine eigene Wasserversorgung mit Dampfmaschine und Wasserturm. Außerdem musste eine Landschaft gestaltet werden, der die

Wilhelmshöhe, Villa mit Gartenanlage, um 1930

Kiesgruben-Vergangenheit nicht mehr anzusehen war. So entstand eine Privatstraße am tiefsten Punkt der Baugrube, die von der Belle-Alliance-Straße in die Kolonie führte. Ein Blechschild verkündete »Privatstraße. Zugang verboten!« An den Rändern der einstigen Kiesgrube entstanden nun zwanzig vornehme Villen. Mehr solvente Käufer ließen sich nicht an den Rand des Kreuzbergs locken. Einzig in ursprünglicher Gestalt erhalten ist heute nur das Haus Wilhelmshöhe 11. So wie hier waren mehrere Bauten an diesem zehn Meter hohen Steilhang errichtet worden, teils mit herrlichen Terrassengärten.

Nach dem Krieg blieben fast nur Ruinen übrig. Die große Wasserfontäne in der Mitte der Kolonie sprudelte nicht mehr, das Dampfmaschinenhaus war zerstört. Der wie ein Wehrturm anmutende Wasserturm war noch gut erhalten, nur seine innenliegende Holztreppe fehlte, da sie in der Nachkriegszeit als Heizmaterial herhalten musste. Die kunstvoll angelegte Landschaft verwilderte und ähnelte von Jahr zu Jahr mehr an Dornröschens Garten – ein Abenteuerspielplatz für Schlüsselkinder. Ich selbst habe viele »freie« Stunden mit anderen Kindern hier verbracht. Eine Mutprobe war es, den Wasserturm trotz fehlender Treppenstufen zu besteigen. Es existierten nur noch die zwanzig Zentimeter aus dem Mauerwerk herausragenden Steinkonsolen, auf denen einmal die Holzstufen befestigt waren. Ich habe es einmal bis fast nach oben geschafft und kam plötzlich nicht mehr vor und nicht zurück. Die anderen Kinder holten einen Schutzmann und der die Feuerwehr mit einer Leiter. Anschließend ging es zum nächsten Polizeirevier, von wo mich meine Mutter nach der Arbeit abholen musste.

Beliebt bei uns Kindern war die »Spuckgrotte«, eine Grotte aus Tuffstein, die zu einem der zerstörten Villengärten gehörte. Das Gesicht eines langbärtigen Mannes, für uns war es »Gott« höchstpersönlich, schmückte in einer Muschelnische die Außenwand. Von oben konnte man über die Mauer zur Methfesselstraße schauen. Nahte ein Fußgänger, wurde er von oben mit Wasser bespritzt und mit Spottgesängen geärgert. Wir fühlten uns sicher, da die Mauer zu hoch war, um sie zu überklettern. Wenn der Verärgerte die Kinder erwischen wollte, musste er ungefähr einen Kilometer zurücklegen, da die Kolonie nur einen Zugang besaß und die Grotte sich im äußersten Winkel, nah der Dudenstraße befand, wo seit den siebziger Jahren das architektonisch einfallslose Kolpinghaus steht.

Heute steht den Kindern keine Ruinenlandschaft mehr zur Verfügung, dafür gibt es etwas viel besseres – die Gelbe Villa. Das 2003 gegründete Kreativ- und Bildungszentrum für Kreuzberger Kinder wird von der Stiftung Jovita gefördert und kommt ohne Geld vom Senat aus. Kinder können hier an allen Wochentagen basteln, malen, tanzen, kochen, töpfern und Hausaufgaben machen. Täglich verbringen 150 Kinder in der Villa ihre Freizeit. Alle Bastelmaterialien, Instrumente, Ferienprogramme sind kostenlos und die Personalausstattung kann sich sehen lassen. Nur in der Milchbar und im Kinderrestaurant »Fünf Jahreszeiten« müssen sie einen geringen Preis zahlen. Drei Gänge, vom Öko-Koch lecker zubereitet, kosten zusammen mit einem Getränk einen Euro.

Der Sockel des Hauses ist, wie man noch gut sehen kann, der Rest einer im Krieg zerstörten Villa. 1927 kaufte sie der Komponist Wilhelm Lindemann. Er komponierte hier Gassenhauer wie »Trink, trink, Brüderlein trink«. Nach dem Krieg entstand auf dem Sockel ein Neubau mit acht Etagen für eine Privatklinik. Sie wurde 1987 geschlossen und stand 14 Jahre lang leer. Der Hausmeister war der einzige Bewohner und ließ jeden Abend in einem anderen Raum des Hauses Licht brennen, um eventuelle Einbrecher abzuschrecken. Trotzdem wirkte der leere Bau gespenstisch, mit seinen verlassenen Operationssälen unterm Dach.

Zum Mehringdamm hin stehen noch zwei Häuser aus der Kolonie-Zeit, aber mit erneuerten, charakterlosen Fassaden. In Wilhelmshöhe 23 wohnte bis zu seinem Tod im Jahr 1933 Ferdinand Meysel, der 1879 das Männerquartett »Stettiner Sänger« gegründet hatte. Da ihm der Gründungsgedanke in Stettin kam, wurde der Name der Stadt auch zum Namen des Quartetts.

Folgt man nun wieder der Methfesselstraße abwärts, ist links, angrenzend an den Park, das Gelände des Gartenbauamts. Im Schatten der Brandmauer des angrenzenden Wohnhauses wächst noch heute Wein in guter Kreuzberger Weintradition. Es sind nicht viele Rebstöcke, und die Ernte nicht gerade üppig. Nach der Lese werden die Trauben nach Wiesbaden, der Partnerstadt Kreuzbergs, transportiert, wo sie gekeltert und der Wein in Flaschen gefüllt wird. Als »Kreuz-Neroberger« werden die wenigen Flaschen zumeist an Freunde und Förderer von Kreuzberg verschenkt. Eingeweihte, die schon einmal das Vergnügen hatten, versichern, dass der Tropfen sogar trinkbar ist.

Gegenüber erinnert an einer Mauer eine Gedenktafel daran, dass, wer hätte das gedacht, der Computer in Berlin erfunden wurde. In diesem Zusammenhang sollte man aber nicht an einen modernen PC oder ein Notebook denken, denn der erste Rechner, den der 1910 in Berlin geborene Konrad Zuse hier baute, war ein »Riesending«, was seine Ausmaße betraf.

Zuse begann als Siebzehnjähriger mit dem Studium an der Technischen Hochschule Berlin-Charlottenburg. Er startete mit Maschinenbau, wechselte bald zur Architektur, um sich dann dem Bauingenieurwesen zu widmen. Zwischenzeitlich unterbrach er das Studium um fast ein Jahr, um als Reklamezeichner zu arbeiten. 1935 verließ Konrad Zuse als Diplomingenieur die Hochschule und fand bei den Henschel-Flugzeug-Werken in Schönefeld bei Berlin eine Anstellung als Statiker. Schnell empfand er die Arbeit als zu einseitig, gab sie auf und richtete sich eine kleine Erfinderwerkstatt in der elterlichen Wohnung ein, die sich in der Kreuzberger Wrangelstraße befand. Zuse begann schon damals mit dem Bau programmierbarer Rechengeräte.

1936 bezog die Familie eine größere Wohnung in der Methfesselstraße 10. Zuse hatte die große Gabe, Menschen mit seiner Begeisterung anzustecken. So gelang es ihm immer wieder Förderer zu finden, die ihn und seine Ideen mit Geld oder Arbeitsleistung unterstützten. Sein Vater, ein Postangestellter im mittleren Dienst, ließ sich sogar aus dem Ruhestand reaktivieren, um die Erfindungen seines Sohnes mitzufinanzieren.

Noch im Jahr des Umzugs waren die Arbeiten am ersten Rechner »Z1«, einer programmierbaren Rechenmaschine, abgeschlossen, die allerdings noch nicht voll funktionsfähig war, da sie mechanisch funktionierte. Es folgte darauf der später im Krieg zerstörte Rechner »Z2«, der schon mit Relais-Technik arbeitete. Erste Arbeiten am Nachfolgemodell »Z3« hatten gerade begonnen, als Fliegerbomben die Wohnung der Eltern zerstörten. Zuse fand gegenüber, in Nummer 7, neue Werkstatträume, in denen er 1943 die Arbeiten am dritten Rechner zum Abschluss brachte. Dieses Modell »Z3« war der erste funktionstüchtige Computer weltweit und kam als Spezialrechner für die Flügelvermessung von Bomben zum Einsatz. Für wie wichtig damals Zuses Erfindungen gehalten wurden, zeigt auch, dass er mitten im Krieg 1941 die »Zuse Ingenieurbüro und Apparatebau, Berlin« gründen konnte, die zuletzt zwanzig Mitarbeiter beschäftigte.

Die Familie flüchtete Kriegsende aus Berlin über Göttingen ins Allgäu, wobei es Konrad Zuse mit viel Glück gelang, den zuletzt entwickelten Rechner »Z4« zu retten. Dieser bildete die Grundlage für den Aufbau der ersten deutschen Computerfirma – der »Zuse KG«. Nach stürmischem Wachstum geriet die Firma allerdings in starke Überschuldung, so dass Zuse seine Kapitalanteile 1964 abgeben musste. Zu dieser Zeit hatten die USA längst die Bedeutung der Computertechnik erkannt und riesige Summen in ihre Entwicklung gesteckt. Die europäische Entwicklung wurde schnell überholt, und der Computer trat seinen Siegeszug an – als US-amerikanische Erfindung.

Die Methfesselstraße mündet in die Kreuzbergstraße, wo nah der Fußgängerampel ein Findling liegt, der sogenannte »Kaiserstein«. Um die Entstehung des Namens rankt sich eine Legende. Es heißt, dass alljährlich zur Truppenparade auf dem Tempelhofer Feld Kaiser Wilhelm I. hier an der Ecke seine Kutsche verließ, um auf sein mitgeführtes Pferd umzusteigen. Dabei soll ihm dieser Findling als Aufsitzhilfe gedient haben – so entstand der Name Kaiserstein. Tatsache ist, dass 1891, während der Bauarbeiten für die Marheinekemarkthalle an der Zossener Straße, bei den Ausschachtungen etliche Findlinge gefunden wurden. Da sie die Bauarbeiten behinderten, erfolgte ihr Abtransport in den Viktoriapark, wo sie zwischen Methfesselstraße und Wolfschlucht ihren Platz zugewiesen bekamen. Einer von diesen Steinen wurde nah der Straße abgelegt und ist seither der »Kaiserstein«. Wilhelm I. war aber 1888 bereits verstorben – so viel zur Legende.

Als in Berlin die Pferdebahn eingeführt wurde, standen an dieser Kreuzung Vorspannpferde bereit. Musste eine Bahn nun bergauf in Richtung Tempelhof fahren, wurden zwei Pferde zusätzlich vorgespannt. Von vier Pferden gezogen kam die Bahn leichter auf den Berg. Oben angekommen wurden die zusätzlichen Pferde wieder ausgespannt und nach unten zurückgeführt.

Wir folgen dem Mehringdamm noch ein Stück abwärts. Zwischen der Hagelberger Straße und der Yorckstraße gehörten alle Häuser auf der linken Seite dem Baumeister Wilhelm Riehmer und wurden ausschließlich auf seinen eigenen Grundstücken errichtet. Nur ein Haus wurde im Krieg so stark zerstört, dass es durch einen Neubau ersetzt werden musste. Das Haus Nummer 50 war das erste Mietshaus, das er fertigstellte. Er selbst bezog darin mit seiner Familie die großzügige Beletage. Von dort kontrollierte er das Baugeschehen auf seinen 27 Grundstücken. Auch der Fabrikbesitzer Holthaus, mit dem ihn geschäftliche Beziehungen verbanden, und auch Otto Mrosk, sein Architekt und engster Mitarbeiter, lebten in dem Haus. Als Riehmer hier einzog, war er 34 Jahre alt. Als er dann 1901, im Alter von 71 Jahren verstarb, hinterließ er seiner Familie ein stattli-

Riehmersches Wohnhaus Mehringdamm, Ecke Yorckstraße, um 1970

ches Vermögen von 7 319 651 Goldmark und 39 Pfennige. Wenige Tage nach seinem Tod fand seine Beisetzung auf dem vierten Kirchhof der Jerusalems- und Neue Kirchengemeinde an der Bergmannstraße statt, bevor man anschließend zum »Leichenschmaus« ins »Parade Café« bat. Das Café befand sich viele Jahrzehnte am Mehringdamm Ecke Yorckstraße – natürlich in einem der Riehmerschen Häuser.

Weißensee

Die Stadt der Toten
Der Jüdische Friedhof

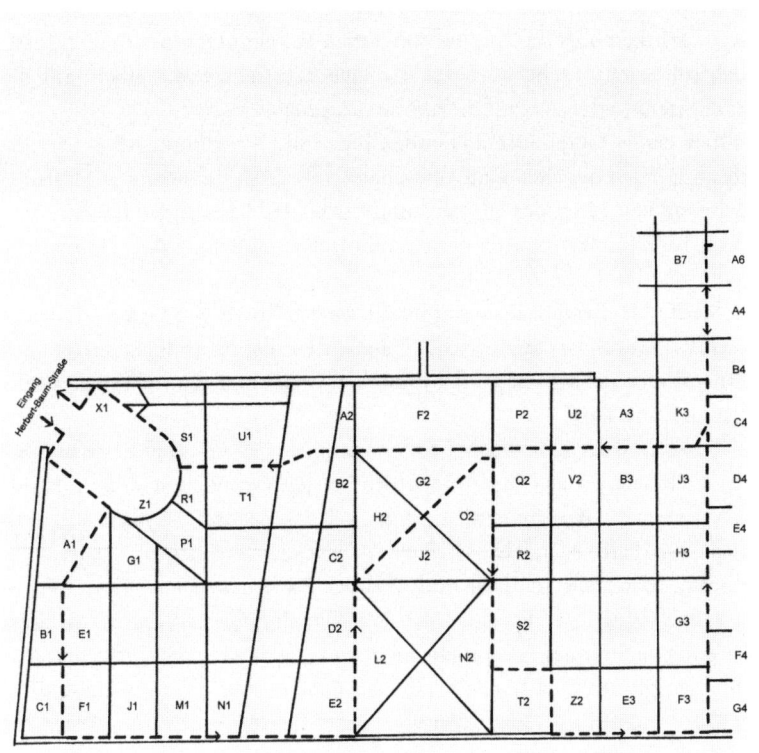

Im Angesicht des Herrn und des Todes müssen Männer ihr Haupt verhüllen. Das bedeutet, sie müssen bei dem Besuch auf einem jüdischen Friedhof eine Kopfbedeckung tragen. Was für eine ist völlig egal, es reicht auch ein großes Taschentuch, das durch vier Knoten an den Ecken seinen Halt bekommt. Haben Sie weder eine Kappe, Mütze, Hut oder ein Taschentuch bei sich, ist auch das kein Problem. Gleich rechts hinter dem Friedhofseingang, im Blumenladen, bekommen Sie eine Kippa geliehen.

Zu den Vorschriften auf jüdischen Friedhöfen gehört auch, dass jegliches Essen, Trinken oder der Genuss von Tabak auf dem Friedhof untersagt ist. Auch sollte man nicht, aber das ist eigentlich selbstverständlich, auf die Gräber treten oder sich auf die Umfassungsmauern setzen.

Einen ersten Guten Ort, so nennen Juden ihre Friedhöfe, gab es vermutlich im Bereich der ehemaligen Gollnowstraße, nah der heutigen Mollstraße. Er soll von Mitte des 13. Jahrhunderts bis 1573 bestanden haben.

Von 1672 bis 1827 wurde der Begräbnisplatz an der Großen Hamburger Straße genutzt. Er befand sich zur Anlagezeit vor den Toren, also außerhalb der Stadt. Als dieser vollständig belegt war, eröffnete die Gemeinde einen neuen Begräbnisplatz an der Schönhauser Allee, der bis 1880 zu nutzen war. Seither finden die Mitglieder der Jüdischen Gemeinde hier in Weißensee ihre letzte Ruhestätte.

Aber nicht jeder Jude möchte auf einem Jüdischen Friedhof bestattet werden. Viele wählen aus den unterschiedlichsten Gründen städtische Friedhöfe oder auch Begräbnisplätze anderer Konfessionen. Denken wir zum Beispiel an Felix Mendelssohn Bartholdy, Rahel Varnhagen, Siegfried Jacobsohn oder auch an Emil und Walther Rathenau. Einer dieser Gründe, zum Beispiel bei Ehepaaren mit einem nichtjüdischen Partner ist, dass hier ein gemeinsames Grab nicht möglich ist. Für die nicht-jüdischen Angehörigen gibt es zwei Sonderfelder nah dem zweiten Eingang zur Indira-Gandhi-Straße. Eine Ausnahme von dieser Regel wurde nur gemacht für nichtjüdische Ehepartner, die in der Zeit der Verfolgung durch die Nationalsozialisten fest zu ihren jüdischen Partnern standen.

Der 1880 nach Entwürfen von Hugo Licht fertiggestellte Friedhof ist der größte jüdische Begräbnisplatz in Europa. Auf ihm sind bisher rund 115 000 Menschen bestattet worden. Die Bauten im Eingangsbereich, die Feierhalle und die den Friedhof umgebende Mauer zeigen die Formen der italienischen Frührenaissance und sind mit romanischen und barocken Details verziert. Die Gemeinde hatte 1878 einen Wettbewerb ausgeschrieben, an dem sich 25 Architekten beteiligten. Die drei besten Entwürfe wurden prämiert, bevor es dann zum Ausscheidungswettbewerb unter den Dreien kam. Hugo Licht ging dabei als Sieger hervor, obwohl einige Jurymitglieder seinen Entwurf als »nicht sehr weihevoll« und zur »Profanarchitektur neigend« kritisierten.

Eingang zum Jüdischen Friedhof in Weißensee, 1880

Gleich hinter dem Friedhofseingang befindet sich in einem Rondell ein Gedenkstein für die von den Nationalsozialisten ermordeten Juden. Er erinnert mit seiner Inschrift GEDENKE EWIGER WAS UNS GESCHEHEN an die sechs Millionen von den Nationalsozialisten ermordeten Juden, darunter etwa 55 000 Berliner. Auf den kreisförmig angeordneten liegenden Steinen sind die Namen der großen Konzentrationslager zu lesen. Unter den Steinen vergraben, die aufgefundene Asche aus den Verbrennungsöfen.

Wir wählen für unseren Rundgang den Weg rechts der Feierhalle. Der Friedhofsplan zeigt die Aufteilung der Friedhofsfläche in Felder, die mit Buchstaben und Nummern bezeichnet sind. Sie sind für Besucher eine nützliche Orientierungshilfe, da das Gelände rund vierzig Hektar groß ist.

Kurt Tucholsky hat in einem Gedicht mit dem Titel »In Weißensee« die Friedhofsfelder beschrieben:

Da, wo Chamottefabriken stehn

– Motorgebrumm –

da kannst du einen Friedhof sehn,

mit Mauern drum.

Jedweder hat hier seine Welt:

Ein Feld

Und so ein Feld heißt irgendwie:

O oder I …

Die erste Grabreihe eines jeden Feldes ist die Ehrenreihe, die Gemeindemitgliedern mit besonderen Verdiensten vorbehalten ist. Darüber hinaus gibt es eine zusätzliche Ehrenreihe, in der sozusagen die »Elite« des gesamten Friedhofs zu finden ist. Hier ruht, wer sich um das Judentum, die Gemeinde oder die Wissenschaft und die Kultur Verdienste erworben hat. Diese Ehrenreihe befindet sich vor den Feldern A1 und G1. Einige Gräber davon wollen wir uns anschauen.

Ehrenreihe des Friedhofs

Wir beginnen mit dem Grab von Louis Lewandowski. Es ist das siebente Grab in der Reihe auf der rechten Seite. Der 1894 verstorbene Louis Lewandowski war Komponist, Kantor und Chordirigent, zuletzt in der Neuen Synagoge in der Oranienburger Straße. Er kam als mittelloser Junge nach Berlin, wo er von Alexander Mendelssohn, einem Enkel von Moses Mendelssohn, gefördert wurde. Als erster jüdischer Eleve fand er bei der Preußischen Akademie der Künste als Schüler Aufnahme. Die zweitägige Prüfung war ungewöhnlich schwer. In Klausur musste Lewandowski zwei geistliche Chöre komponieren und ein von einem anderen Schüler begonnenes Streichquartett beenden. Anschließend bekam er die Aufgabe, ein Musikstück, das für Pianoforte komponiert war, für ein großes Orchester zu bearbeiten. Seinen Grabstein ziert die Inschrift: »Liebe macht das Lied unsterblich«.

Nur drei Bäume weiter, finden wir das Grab von Hermann Staub, einem Justizrat, der den meisten Juristen gut bekannt ist oder es zumindest sein sollte. Staub war Kommentator des Handelsgesetzbuches und des GmbH-Gesetzes, was ihn berühmt machte, da seine Kommentare auf jedem Juristenschreibtisch zu finden sind. Bei der Trauerfeier soll ein guter Freund am Grab gesagt haben: »Hier liegt Staub – Kommentar überflüssig!"

Wir folgen der Ehrenreihe, bis rechts ein Weg abzweigt. Es ist das Ende von Feld A 1. Wir achten auf den letzten Grabstein vor dem Weg. Er fällt auf, denn es ist der kleinste Stein der gesamten Ehrenreihe. Er gehört Martin Riesenburger, der Prediger im Altersheim der Jüdischen Gemeinde in der Großen Hamburger Straße war, bis die Verwaltung 1943 aufgelöst wer-

Grabstätte Baum. Ein Baum wächst aus dem Familiengrab »Baum« heraus

den musste. Er wurde nach Weißensee auf den Friedhof versetzt, wo er die hier erlebte Schreckenszeit der Judenverfolgung in einem lesenswerten kleinen Buch, »Das Licht verlösche nicht«, sehr anschaulich beschrieb. Nach der Befreiung widmete er sich dem Wiederaufbau der Gemeinde und war seit 1953 Rabbiner der Jüdischen Gemeinde in Ost-Berlin. Ein Grab mit einer besonderen Geschichte, über das er in seinem Buch geschrieben hat, werde ich später noch vorstellen.

In der zweiten Reihe des Feldes, unmittelbar hinter dem Grab von Riesenburger, ist das älteste Grab des Friedhofs. Es ruht dort Louis Grünbaum, ein ehemaliger Bewohner des Altenheimes in der Großen Hamburger Straße. Er wurde am 22. September 1880 als erster auf dem neu angelegten Friedhof beigesetzt.

Wir folgen der Ehrenreihe über den abzweigenden Weg hinweg. Links, auf einem separaten dreieckigen Feld, ein Grabstein in Obeliskform. Er gehört nicht in die Ehrenreihe, steht aber an einem hervorgehobenen Platz.

Herbert Baum, nach dem die Straße, die zum Friedhof führt, benannt ist, hatte nach dem Besuch der Realschule den Beruf des Elektrikers erlernt. Gemeinsam mit seiner Frau Marianne war er in der Deutsch-Jüdischen Jugendgemeinschaft organisiert sowie im Kommunistischen Jugendverband Deutschlands. Aus diesen Gruppierungen heraus gelang es ihnen, eine antifaschistische Widerstandsgruppe zu bilden, in der Juden und Christen gemeinsamen Widerstand organisierten.

Für großes Aufsehen sorgte ein Brandanschlag am 8. Mai 1942 auf eine Propagandaausstellung der Nazis, die unter dem Namen »Das Sowjetparadies« im Berliner Lustgarten stattfand. Vier Tage nach dem Anschlag wurde das Ehepaar Baum mit mehreren Mitgliedern der Gruppe von der Gestapo verhaftet. Herbert Baum wurde in der Untersuchungshaft ermordet, seine Ehefrau und 26 Mitglieder der Gruppe Baum wurden hingerichtet. Auf der Rückseite des Grabsteins sind die Namen der hingerichteten Gruppenmitglieder mit Altersangabe zu lesen.

Am 30. Mai 1942 teilte der SS-Obersturmbannführer Adolf Eichmann Vertretern der »Reichsvereinigung der Juden« in Berlin mit, dass als Vergeltung für den Brandanschlag am Lustgarten, an dem fünf Juden aktiv teilgenommen hatten, fünfhundert Juden festgenommen wurden. 250 von ihnen sind sofort erschossen worden, die anderen 250 kamen in ein Lager.

Der ermordete Herbert Baum wurde in aller Heimlichkeit auf dem Friedhof in Marzahn beigesetzt. Erst 1949 wurde sein Grab dort entdeckt und seine sterblichen Überreste nach Weißensee überführt. In der Gemeinde regte sich heftiger Widerstand, als es darum ging, ob Baum als Kommunist einen Platz in der Ehrenreihe finden sollte. Nach längerer Diskussion einigte man sich auf den Platz gegenüber der Ehrenreihe. Gleichzeitig entschied der Magistrat die Umbenennung der zum Friedhofseingang führenden Lothringenstraße in Herbert-Baum-Straße.

Folgen wir noch etwas der Ehrenreihe, die vor Feld G 1 fortgesetzt wird. Gegenüber der Grabstätte Baum, etwas hinter Ästen versteckt, entdecken wir das Grab des impressionistischen Malers Lesser Ury. Er hat zahlreiche und bekannte Berlin-Szenen wie das Café Bauer, den Bahnhof Friedrichstraße und den Hundekehlensee gemalt. Ury lebte dreißig Jahre als Eremit in seinem Atelier am Nollendorfplatz. Bekannt wurde er erst 1921 mit seiner Ernennung zum Ehrenmitglied der Berliner Sezession. In der Laudatio hieß es damals: »Ein Künstler, der sein Leben lang ohne Rücksicht auf Modeströmungen unbewegt seinen Weg geht, ist unser Vorbild«. Ury hingegen schrieb über sich selbst: »Ich habe viele Feinde und wenige Freunde...«

Zwei Gräber weiter erinnert die Inschrift auf dem Grabstein seiner Ehefrau an Leo Baeck, einen der bedeutenden Rabbiner des deutschen Judentums im zwanzigsten Jahrhundert. 1943 kam er in das KZ Theresienstadt und ging nach seiner Befreiung nach London, wo er 1956 verstarb und auch begraben wurde.

Jetzt müssen wir ein kleines Stück zurück, um dann links in den Weg zwischen Feld D 1 und A 1 einzubiegen. Rechts des Weges ist auf der Rückseite eines schwarzen Grabsteines der Name Blankenburg zu lesen. Gleich dahinter ein grauer Stein, ebenfalls direkt am Weg. Der Schriftsteller, Publizist und Politiker Theodor Wolff war Chefredakteur am Berliner Tageblatt und 1926 Mitbegründer der Deutschen Demokratischen Partei. Außerdem gehörte Wolff 1889 zu den Mitbegründern des Vereins »Freie

Bühne«. Mit dabei waren auch die Brüder Hart, Maximilian Harden und Otto Brahm. Sie hatten als Freunde eines neuen Theaters und zur Umgehung der preußischen Zensur die »Freie Bühne« als Verein gegründet. Ihre Spielstätte war das Lessing Theater am Karlsufer, nicht weit vom Schiffbauerdamm entfernt.

Hier kam es im Oktober 1889 zur Uraufführung von Gerhart Hauptmanns »Vor Sonnenaufgang«, die wegen ihrer realistischen Szenen in einem Theaterskandal mit allgemeiner Schlägerei endete. Diese Premiere machte Gerhart Hauptmann schlagartig bekannt, zumal Theodor Fontane als Kritiker über das Stück eine große enthusiastische Kritik schrieb. Theodor Wolff musste 1933 emigrieren. Er ging nach Frankreich, wo man ihn 1943 in Nizza verhaftete und der Gestapo übergab. Er wurde ins KZ Sachsenhausen transportiert, wo er so schwer erkrankte, dass man ihn ins Jüdische Krankenhaus Berlin entließ, wo er im September 1943 starb.

Das nächste Grab ist etwas schwierig zu finden. Wir erreichen gleich ein Rondell, umrunden es und folgen dem Weg zwischen den Feldern E 1 und B 1. Am linken Wegesrand liegt ein schwarz polierter Granitwürfel, der eigentlich da gar nichts zu suchen hat. In seiner unmittelbaren Nähe entdecken wir das Grab von »Janette Jacoby«. Schauen wir dort zwischen die Grabreihen, sehen wir rechts zwei gleiche Grabsteine mit schräggestellten Schrifttafeln. Direkt dahinter ein grauer Obelisk, von Efeu komplett überwuchert. Es ist besser, das Grab nur vom Weg aus zu betrachten und nicht in die Grabreihe zu treten, da das nicht ungefährlich ist. Viele der Grabsteine stehen nicht mehr sehr fest auf ihrem Fundament.

Das Grab gehört Samuel Berlach, der als Zauberkünstler Bellachini auftrat. Er galt als der populärste Magier des 19. Jahrhunderts in Deutschland. Wilhelm II., bei dessen Feiern er mehrfach auftrat, verlieh ihm sogar den Titel »Hofkünstler«. Böse Kollegen-Zungen sagten Bellachini nach, er habe den Mangel an Fingerfertigkeit stets durch Humor ausgeglichen.

Der Weg endet an der Außenmauer, wo wir uns nach links wenden. Bald zeigt sich ein großes stattliches Wandgrab aus rötlichem Granit auf der rechten Seite. Eine getönte Glasscheibe in der Kuppel lässt das einfallende Licht bläulich erscheinen. Es ist der Grabbau der Familie von Rudolf Mosse, der neben August Scherl und Leopold Ullstein zu den bedeutendsten und erfolgreichsten Zeitungsverlegern seiner Zeit gehörte. Im Mosse Verlag erschienen u. a. das »Berliner Tageblatt«, die »Berliner Morgenzeitung«, das »8 Uhr-Abendblatt« und die »Berliner Volkszeitung«. Das Verlagshaus im Berliner Zeitungsviertel zwischen Zimmerstraße, Jerusalemer Straße und Schützenstraße war nach dem Umbau durch den Architekten Erich Mendelsohn ein hochgelobtes architektonisches Kleinod.

Folgen wir dem Weg in der eingeschlagenen Richtung, wird die Reihe der Wandgräber plötzlich unterbrochen, und die kahle Außenmauer ist sichtbar. Hier war, als die Gemeinde die Friedhofsfläche erwarb, eine Straße geplant, die dann aber nie gebaut wurde. Das vierte Wandgrab, gleich hinter dem Grünstreifen, gehört der Familie Lanshoff. Die Bronzetafel zeigt eindrucksvoll eine stilisierte Eiche, die als Baum der Bibel in der jüdischen Symbolik auch ein Zeichen der Demut ist.

Direkt neben Lanshoff das Wandgrab von Moritz Becker, das nach einem Entwurf von Martin Dülfer aus Dresden entstand, der sich als Architekt mit Theaterbauten einen Namen machte. Moritz Becker betrieb im ostpreußischen Palmnicken bergmännischen Bernsteinabbau und begründete dort auch ein Bernsteinmuseum. Mit zweitausend Mitarbeitern war es das größte Unternehmen in Ostpreußen.

Sechs Gräber hinter dem Wandgrab Becker aus schwarzpoliertem Stein das Familiengrab von Bernhard Loeser, der 1865 mit seinem Kompagnon Karl Wolff das Tabakhandelsunternehmen »Loeser & Wolff« gründete, dem bis zu seinem Tod 65 weitere Filialen und Zigarettenfabriken folgten. Die Firma war berühmt wegen ihrer Sozialleistungen für Arbeiter und Angestellte und wurde in der Nazizeit »arisiert«.

Wir verlassen den Weg neben der Außenmauer mit den aufwändigen Wandgräbern und gehen zwischen den Feldern E 2 und L 2 nach links bis zu einem Rondell. Dort angekommen fällt ein rötlicher »Klotz« auf, den der Geheime Kommerzienrat Sigmund Aschrott, der als Industrieller und Bankier seine Brötchen verdiente, anlässlich des Todes seiner Frau errichten ließ. Er hatte offenbar mehr Geld als Geschmack. Er wählte für das freistehende Grabmal als Architekten Bruno Schmitz, der bereits mit dem Völkerschlachtdenkmal in Leipzig Monströses geschaffen hatte. Schmitz selbst war offenbar erheblich bescheidener, denn als er starb, wurde seine Asche, dem letzten Wunsch entsprechend, über dem Rhein verstreut.

Vom Grabbau des Bankiers geht es schräg zwischen Feld H 2 und J 2 hindurch. Vor dem zweiten Rondell taucht auf der rechten Seite das Grab der Familie Tietz auf. Oskar Tietz aus Birnbaum an der Warthe hatte 1882, gemeinsam mit seinem Onkel Hermann Tietz, in Gera ein Weißwarengeschäft eröffnet. Ihr Geschäftsprinzip war es, die Waren direkt beim Produzenten einzukaufen, knapp zu kalkulieren und jeden Artikel mit dem Preis auszuzeichnen, was Verkaufspersonal einsparte. So simpel das heute auch klingt, die Preisauszeichnung brachte erstaunlichen Erfolg. Fünf Jahre nach Gründung belief sich der Jahresumsatz des Geschäfts schon auf einige Millionen.

Als der Onkel sich aus Altersgründen vom Geschäftsleben zurückzog, siedelte Oskar Tietz nach München über und eröffnete innerhalb kurzer Zeit drei Filialen. 1900 kam er nach Berlin, und es entstand in der Leipziger Straße, im großen Stil, ein Warenhaus nach amerikanischem Vorbild. In den folgenden Jahren entstanden weitere Häuser, auch in anderen Städten. Bis 1934 befand sich das Unternehmen in Familienbesitz, dann wurde die jüdische Familie aus der Konzernleitung herausgedrängt und der Konzern unter dem Kunstnamen Hertie (für Hermann Tietz) ebenfalls »arisiert«.

Am nächsten Rondell geht es im spitzen Winkel nach rechts. Der Weg wird am Abzweig flankiert von der rötlichen Grabanlage einer Familie Rathenau – es ist aber nicht die berühmte – und rechts vom Grab einer Familie Jaffa. Auch hinter dem nächsten Rondell behalten wir die Wegrichtung bei, bis wir nach links abbiegen zwischen den Feldern S 2 und T 2. Schnell ist ein weiteres Rondell erreicht. Dort halten wir uns rechts und gelangen noch im Rondell zum Grab von Kempinski.

Bevor Berthold Kempinski 1872 nach Berlin kam, betrieb er eine Weinstube in Breslau. Er eröffnete dann zunächst in der Kronenstraße ein kleines Weinlokal und bald darauf ein weiteres, an der Friedrichstraße Ecke Leipziger Straße.

Steinurne Kempinskis

1889 gründete Berthold Kempinski in der Leipziger Straße 25 den größten gastronomischen Betrieb der Stadt, wodurch der Name Kempinski zur Legende wurde. Bewirtet wurden die Gäste in mehreren großen Sälen, darunter dem Kaisersaal – so genannt, weil bei seiner Einweihung Wilhelm II. geruhte anwesend zu sein. Als der Gründer 1910 verstarb, übernahmen sein Schwiegersohn und ein Neffe das Unternehmen und führten es erfolgreich weiter, bis auch die Kempinski-Betriebe von den Nazis »arisiert« wurden.

Die das Grab schmückende Steinurne zierte anfangs ein Porträtmedaillon aus Bronze, das die Gesichtszüge des Verstorbenen zeigte, obwohl nach jüdischen Religionsvorschriften Bildnisdarstellungen auf Friedhöfen nicht zugelassen sind. Prompt kam es zum Streit mit der Friedhofsverwaltung, die auf einer sofortigen Entfernung der Plakette bestand. Nach längerer Auseinandersetzung fand man eine Lösung, die beide Seiten zufrieden stellte. Das Porträtmedaillon verschwand hinter einem zusätzlich angebrachten, verschließbaren Scharnierdeckel. Besuchte die Witwe das Grab des Verstorbenen, öffnete sie den Deckel und konnte ihrem Gatten ins Antlitz blicken.

Der Weg zwischen Feld T 2 und Z 2 führt uns wieder zur Außenmauer. Dort gehen wir nach rechts und erreichen nach zwanzig Metern auf der rechten Seite die Grabstelle von Doris und Alex Tucholsky. Als Alex Tucholsky 1905 starb, war sein Sohn Kurt gerade 15 Jahre alt. So furchtbar der Tod des Vaters für die Familie auch war, die Welt draußen war für Juden noch in Ordnung. Niemand ahnte bei der Einrichtung des Familiengrabes, dass der Platz der Mutter einmal leer bleiben würde. 1933 wurde der Sohn, der schon einige Jahre in Schweden lebte, aus Deutschland ausgebürgert. Seine Bücher hatte man bereits verboten und auch öffentlich verbrannt – 1935 wählte er den Freitod.

Doris Tucholsky, seine 74-jährige Mutter, deportierten die Nazis 1943 nach Theresienstadt, wo sie ums Leben kam. So blieb ihr Platz an der Seite ihres Mannes deutlich sichtbar leer.

Lassen wir noch einmal Kurt Tucholsky zu Wort kommen:

Da, wo ich oft gewesen bin,
zwecks Trauerei,
da kommst du hin, da komm ich hin,
wenn's mal vorbei.
Du liebst. Du reist. Du freust dich, du
– Feld U –
Es wartet in absentia
– Feld A –
Es tickt die Uhr. Dein Grab hat Zeit,
drei Meter lang, ein Meter breit.
Du siehst noch drei, vier fremde Städte,
du siehst noch eine nackte Grete,
noch zwanzig, dreißigmal den Schnee –
Und dann:
Feld P – in Weißensee, in Weißensee.

Nur einige Meter weiter entdecken wir das Wandgrab der Jandorfs. Bevor Adolph Jandorf 1892 in Berlin das »Hamburger Engros-Lager«, ein Spezialgeschäft für Kurz-, Weiß- und Wollwaren eröffnete, hatte er in den USA moderne Verkaufstechniken studiert. Die Geschäftseröffnung war die Geburtsstunde eines aus fünf Warenhäusern bestehenden Konzerns, zu dem seit seiner Einweihung im Jahr 1907 auch das KaDeWe gehörte. Die Stadt hat Jandorf wirklich viel zu verdanken, denn Berlin ohne das KaDeWe ist gar nicht vorstellbar. So bedankt sich die Stadt zu recht mit einem Ehrengrab. 1926 verkaufte Adolph Jandorf aus Altersgründen seine Warenhäuser an den Kaufhauskonzern Tietz und starb 1932.

Wir ändern die Wegrichtung und gehen den Weg zurück, um dann zwischen Feld F 3 und G 4 nach links abzubiegen. Seit 1926 sind auch auf dem Jüdischen Friedhof Urnenbestattungen möglich. Allerdings ist ihr Anteil an den Gesamtbestattungen gering. Eines von drei kleinen Urnenfeldern, die es auf dem Friedhof gibt, befindet sich im Feld F 3.

Grabstelle von Doris und Alex Tucholsky

Wenig später sehen wir auf der rechten Seite einen mit Gras bewachsenen Hügel. Unter ihm befinden sich die Trümmerreste der ehemaligen Neuen Feierhalle, die, wie die anderen Gebäude des Friedhofs, 1910 von Hugo Licht entworfen wurde. Die Bomben des Krieges zerstörten nicht nur das stattliche Gebäude, sondern auch einen großen Teil der im Keller versteckten Thorarollen. Sie stammten aus Berliner Synagogen, die in der Pogromnacht zerstört wurden und die man hier vor den Nazis in Sicherheit wähnte.

Links und rechts des Hügels liegen 31 Grabsteine eines in Köpenick aufgelösten Jüdischen Friedhofs.

Wenige Meter hinter dem Hügel, links des Weges, etwas zurückversetzt, fällt ein schlichter Grabstein auf, der meist mit vielen kleinen Steinchen versehen ist, ein Zeichen, dass es häufig Besuche am Grab von Sally Epstein gibt. Sally Epsteins Grab ist ein gutes Beispiel dafür, was Literatur bewirken kann. Vermutlich läge kein einziger Stein auf seinem Grab, wenn nicht Heinz Knobloch in seinem Buch »Der arme Epstein« seine Geschichte erzählt hätte. Knobloch geht darin der Legende um den Tod des SA-Führers Horst Wessel nach. Für die einen war es damals ein politischer Mord, für andere eine Auseinandersetzung unter Zuhältern. Der jüdische Kommunist Epstein, der bei einer geplanten »proletarischen Abreibung«, die Horst Wessel verpasst werden sollte, nur Schmiere stand, wurde wegen des Mordes vor Gericht gestellt und, obwohl nicht direkt beteiligt, 1935 in Plötzensee enthauptet.

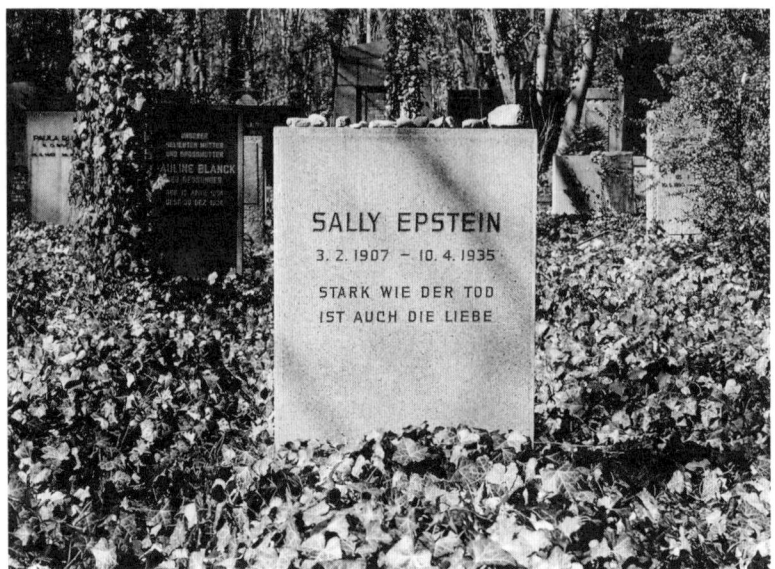

Grabstelle von Sally Epstein

Epsteins Pflegemutter, Rosa Lutter, kämpfte ausdauernd um die Beerdigung hier auf dem Friedhof, da die Jüdische Gemeinde sich sträubte, den hingerichteten Kommunisten, der auch kein Gemeindemitglied war, aufzunehmen.

Heinz Knobloch hat den Akt der Hinrichtung am 10. April 1935 beschrieben: »Um 5 Uhr 58 standen alle bereit. Der Scharfrichter meldete sich beim Oberstaatsanwalt, der ihm den Auftrag zur Vollstreckung übergab. Sodann nahm der Scharfrichter mit drei Gehilfen vor dem Richtblock Aufstellung. (…) Punkt sechs Uhr wurde der Verurteilte Epstein, die Hände auf dem Rücken gefesselt, durch zwei Strafanstaltsoberwachtmeister und ohne Begleitung des Strafanstaltsgeistlichen herausgeführt und dem unterzeichnenden Oberstaatsanwalt vorgeführt. Gleichzeitig ertönte das am Hauptverwaltungsgebäude angebrachte Armesünderglöckchen, das bis zur Beendigung der Hinrichtung geläutet wurde. (…) Die Haltung des Epstein war gefasst und ruhig. Er ging unter Führung des Scharfrichters zur Richtbank, auf welche er nach Entblößung der Schultern ohne Widerstreben gelegt wurde. In demselben Augenblick wurde der über den Block gedrückte Kopf mittels eines einzigen Schlages durch den Scharfrichter vom Rumpfe getrennt. (…) Die ganze Handlung dauerte vom Zeitpunkt der Vorführung bis zur vollendeten Verkündung 55 Sekunden. Von der Übergabe an den Scharfrichter bis zur Vollstreckung 10 Sekunden.«

Wir bleiben auf dem Weg bis zum Abzweig zwischen den Feldern E 6 und A 6. Dort geht es nach rechts. Direkt an der Ecke steht ein kleiner

Grabstelle des Kammersängers Josef Schwarz

Grabtempel mit vielen Säulen, errichtet für den beliebten Kammersänger Josef Schwarz, der als Bariton im Ensemble der Berliner Oper, besonders in italienischen Opern, sein Publikum begeisterte. Die Inschrift am Grab: »Herr Gott du bist unsere Zuflucht« war offenbar ein rettender Fingerzeig für mehrere verfolgte Juden, die sich nachts an dieser Stelle vor der Gestapo versteckten.

Der in der Ehrenreihe ruhende Martin Riesenburger, der die Nazizeit über auf dem Friedhof lebte und in der Verwaltung arbeitete, hat die Situation in seinem Buch »Das Licht verlöschte nicht«, eindrucksvoll geschildert: »In der Mitte des Daches befand sich eine Glasplatte. Man hob diese immerhin schmale Platte und suchte sich links oder rechts ein Ruhelager für die Nacht. Unten ruhte der begnadete Sänger, der einst Tausende Menschen durch seinen Gesang zu heller Begeisterung aufflammen ließ, oben lagen seine Glaubensbrüder im unruhigen Schlaf, durch den sich nur die eine bange Frage zog: Wie lange noch?«

Betrachtet man den kleinen Giebel von außen, so erscheint es fast unmöglich, dass mehrere Personen im Inneren liegen konnten.

Von hier aus müssen wir ein Stück des Weges zurück, auf dem wir gerade gekommen sind. Etwas später geht es dann nach rechts in den Weg zwischen Feld K 3 und J 3.

Wer zu früherer Zeit im Gelobten Land zu einer Beerdigung eingeladen wurde, sollte, wenn es ihm möglich war, einen Stein mitbringen. Nein, nicht so kleine, wie sie hier auf den Gräbern liegen, sondern größere. Denn

Im Hintergrund die heutige Feierhalle

damit wurde der Leichnam in der Grube abgedeckt und die Steine sollten verhindern, dass wilde Tiere den Toten womöglich ausgraben. Aus dieser Zeit hat sich der Brauch überliefert, auf den Grabsteinen der Gräber, die man besucht, ein kleines Steinchen als Zeichen der Wertschätzung zu hinterlassen. In der heutigen Zeit sind die kleinen Steine eine liebevolle Geste und der Ersatz für einen Blumengruß, da nach alten Bestattungsriten Blumen auf einem jüdischen Grab nicht statthaft waren. Heute hat sich das etwas gewandelt, denn was war gleich hinter dem Friedhofseingang zu sehen – ein Blumenladen.

Nach dem Abbiegen in den Weg zwischen Feld K 3 und J 3 geht es nur

Grabstelle von Stefan Heym

noch geradeaus. Ein freistehender Grabbau am rechten Wegesrand fällt durch üppige Verzierungen und aufwändige Mosaikgestaltung auf. Es ist das Grab von Adolph Ernst, der in Berlin das Adolph-Ernst-Theater eröffnete. Das neobarocke Marmormausoleum, mit kleinem Kuppeldach, Bronzelaterne sowie plastischen Zierelementen, ließ der Theaterdirektor nach dem Tod seiner jungen Frau Rosalie errichten. Das Mosaikbild an der Rückwand zeigt einen prächtigen Rosenbusch in Anspielung auf den Vornamen der Toten.

Das letzte Grab unseres Rundganges ist das Grab von Stefan Heym im Feld Z 1. Dazu gehen wir weiter geradeaus, bis am Ende des Weges eine

Sandsteinsäule mit ihrer etwas verwitterten Inschrift den Weg zum Ausgang nach rechts weist. Dem folgen wir nicht, wir gehen wenige Schritte nach links und achten dabei auf einen hohen, schlanken Grabstein, auf dem Bewunderer des Dichters Steinchen abgelegt haben.

Der Schriftsteller Stefan Heym war im besten Sinne des Wortes ein »unruhiger Geist«. Er kämpfte gegen den Nationalsozialismus und kehrte als US-Soldat zurück nach Berlin. ging nach Kriegsende in die DDR, wo er trotz vieler Schwierigkeiten mit Zensur und »Staatssicherheit« blieb. Er gehörte Berlins jüdischer Gemeinde nicht an, bekannte sich aber zum jüdischen Glauben. Heym war am 16. Dezember 2001 in Jerusalem verstorben, wo er an einer Tagung über Heinrich Heine teilgenommen hatte. Als er bestattet wurde, war die gesamte Führungsspitze der PDS vertreten, ebenso wie auch der damalige Bundeskanzler Gerhard Schröder und Bundestagspräsident Thierse, der gegen Heym als Direktkandidat für den Bezirk Mitte im Bundestagswahlkampf unterlegen war.

In seinem Testament hatte sich Heym einen schlichten Stein gewünscht, nur mit Namen und Lebensdaten versehen. Als Inge Heym, die Witwe, den Wunsch umsetzen wollte, gab es Ärger mit der Jüdischen Gemeinde. Nach der Friedhofsordnung, die seit 1999 in Kraft ist, sind außer dem Namen und den Lebensdaten ein Davidstern und sieben hebräische Schriftzeichen auf dem Stein vorgeschrieben. Die Schriftzeichen bedeuten »Hier ruht« und »Möge seine Seele eingebunden sein im Bunde des ewigen Lebens.« Als die Witwe sich weigerte, den letzten Willen ihres Mannes zu umgehen, gab es monatelangen Streit, bis der Stein, nach einem Kompromiss mit der Gemeinde, dann doch aufgestellt werden konnte. Der Stein ist schlicht, so wie der Dichter es wünschte. Direkt daneben aber liegt eine kleine Grabplatte, die nur den Davidstern und die hebräischen Schriftzeichen zeigt.

Wenn die Trauerhalle umrundet ist, erreichen wir den Ausgang, verlassen den Guten Ort und stehen wenig später wieder auf der Herbert-Baum-Straße.

Die Rehwiese und der Baumeister Hermann Muthesius
Wunderheiler, Onkel Tobias und die schwedische Königin

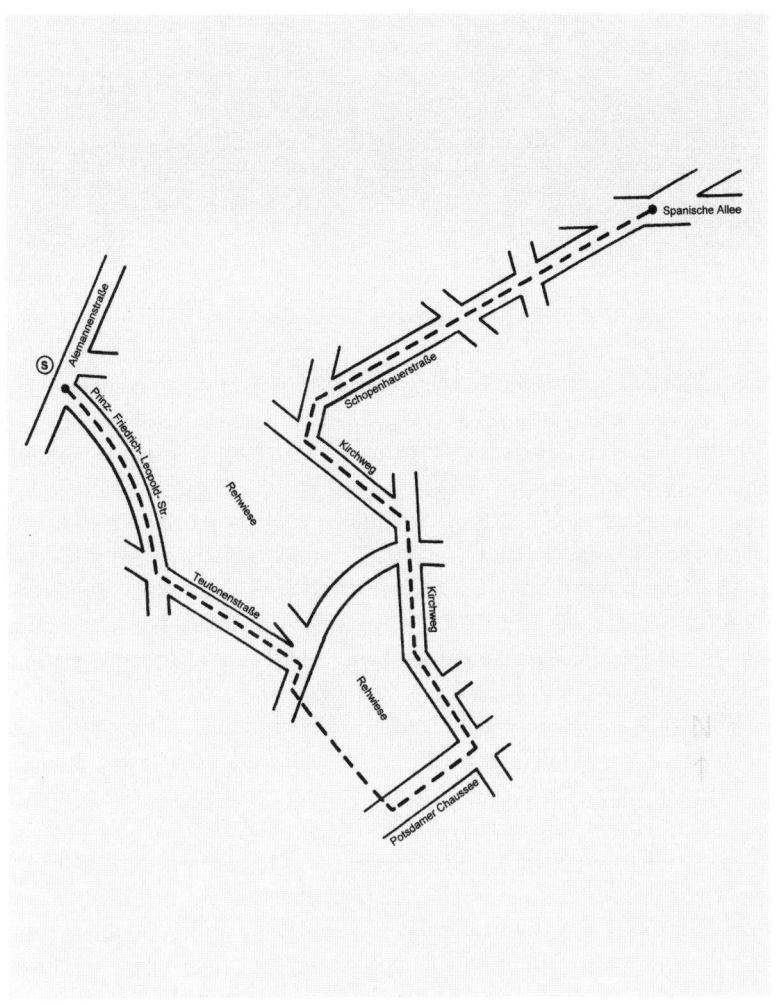

Bahnhof Nikolassee, Festakt zur Einweihung des Bahnhofgebäudes, 1902

Wer erstmals den Bahnhof Nikolassee in Richtung Hohenzollernplatz verlässt, ist vermutlich erstaunt über das kleinstädtisch anmutende Bild, das sich dem Betrachter bietet. Der Platz hat sich in den vergangenen hundert Jahren nur wenig verändert. Der heutige Ortsteil des Bezirks Steglitz-Zehlendorf ist aus dem Gut Düppel-Dreilinden hervorgegangen, als 1900 die Villen- und Landhaus-Bau-Gesellschaft Heimstätten AG das 95,5 Hektar große Terrain vom Prinzen Friedrich Leopold erwarb, um eine Villenkolonie anzulegen. Seither schmückt der Name des Verkäufers die Hauptstraße von Nikolassee, die sich vom Bahnhof aus in südlicher Richtung erstreckt.

1901 ist das Gründungsjahr der Villenkolonie, die sich nach dem gleichnamigen See benannte. Vorbild war die Villenkolonie Grunewald, die einige Jahre zuvor mit großem Erfolg wohlhabende Käufer vor die Tore Berlins lockte. Nach dem Vertragsabschluss begann die Heimstätten AG, unter Leitung ihres ersten Direktors, Louis Lückhoff, auf ihre Kosten, denn dazu hatte sie sich verpflichtet, die gesamte Infrastruktur zu schaffen. Die Pläne zur Anlage der Kolonie erstellten die Berliner Stadtplaner Joseph Brix und Felix Genzmer. Danach wurde parzelliert, wurden Straßen gebaut, Wasser- und Gasleitungen verlegt und erste Villen errichtet, damit potentielle Käufer sich ein Bild ihres künftigen Wohnumfeldes machen konnten. Viele Werbeprospekte und Besichtigungsfahrten für Interessenten waren notwendig, um die Grundstücke oder die Villen an den Käufer zu bringen. Um die Entscheidung zu erleichtern, wurden die Ansiedler von der Gemeindesteuer befreit, und die Heimstätten AG kam für alle Neuanlagen und Unterhaltungen selbst auf.

Hohenzollernplatz, vor 1913

Lassen Sie uns den Hohenzollernplatz wie ein Panorama im Uhrzeigersinn betrachten. Beginnen wir mit einem Blick auf die Fassade des Bahnhofsgebäudes, erbaut 1901/02 in einer Stilmischung von Spätgotik und Renaissance. Die Heimstätten AG ließ den Bahnhof bauen, um ihre neue Villenkolonie gut mit Berlin zu verbinden. Sie übernahm die Kosten für die Bauten und musste außerdem für fünf Jahre die Betriebskosten zahlen. So entstand der Bahnhof als Mittelpunkt und Schaufenster der Villenkolonie, nach Entwurf von Fritz Bräuning und Paul Vogler, genau am Schnittpunkt der Wannseebahn mit der Wetzlarer Bahn, der sogenannten »Kanonenbahn«. Die Wannseebahn fuhr bereits seit 1874, hielt aber bis dahin nur in Schlachtensee und in Wannsee.

Nachdem der Preußische König und Kaiser Wilhelm II. mittels »Allerhöchsten Erlasses« 1910 genehmigte, dass aus der im Kreis Teltow gelegenen Kolonie Nikolassee eine selbstständige Landgemeinde gebildet wird, entstand nach Plänen von Bruno Möhring, im Stil des norddeutschen Barock, das 1913 fertiggestellte Rathaus. Über dem Eingang zeigt ein Relief den Heiligen Nikolaus, darüber befindet sich das einstige Bürgermeisterzimmer. Das Medaillon im Giebel trägt den Schriftzug »Rathaus Nikolassee«, früher noch mit dem Zusatz »Kreis Teltow« versehen. Heute wird das Gebäude, zusammen mit dem von hier nicht sichtbaren ehemaligen Feuerwehrgebäude und einem Neubau, von der Polizei genutzt.

Auf der Wiese davor, neben einer gut gewachsenen Magnolie, steht die ebenfalls gut gewachsene »Bogenspannerin« von Ferdinand Lepke. Es ist die letzte Arbeit des Kleinmachnower Bildhauers vor seinem Tod. Nach

Conditorei & Café Heinroth, um 1903

Kriegsende war sie verschwunden, vermutlich eingeschmolzen. 1997 wurde die Skulptur neu gegossen und bei der Wiederaufstellung wegen der Magnolie um sieben Meter versetzt.

Das Gebäude zwischen Normannen- und Prinz-Friedrich-Leopold-Straße wirkt heute nicht mehr so stattlich wie einst, als es noch der Verwaltung der Heimstätten AG diente. Außerdem war damals noch das Post- und Telegraphenamt im Gebäude untergebracht. Auf der Wiese davor sind in einem Rondell Blumen angepflanzt. Ursprünglich stand an der Stelle ein Brunnen aus Tuffstein mit einer hohen Wasserfontaine, der nach dem Wunsch vieler Nikolasseer irgendwann wieder neu entstehen soll.

Manch Besucher ist verblüfft, wenn er ein Minarett aus dem Eckhaus Prinz-Friedrich-Leopold-Straße 1 herausragen sieht. Diese Offenheit gegenüber dem Islam hätte man im konservativen Nikolassee vielleicht nicht erwartet. Aber nein, lassen Sie sich keinen Unfug erzählen. Auch wenn sich in der Nähe das »Zentrum Moderner Orient« befindet, eine Moschee wäre hier nur schwer vorstellbar. So ist die Wahrheit recht profan. Es war der Bäckermeister Carl Heinroth, für den der Baumeister Franz Ahrens 1902 die Villa Heinroth errichtete. Oben wurde gewohnt, hinten war die Backstube, deren Schornstein so orientalisch anmutet, und im Erdgeschoss befand sich Conditorei & Café Heinroth.

Heinroths Backwaren waren beliebt, sein Laden lief gut, so dass der Bäckermeister sechs Jahre später auch das Nachbargebäude am Platz (Nr. 1) errichten ließ. Es beherbergte nach Fertigstellung ein Hotel mit Restaurant, das bis 1943 existierte. Auf der Wiese vor dem einstigen Café steht eine weitere Skulptur von Ferdinand Lepke, die eigentlich hier nicht hergehört. Ihr Standort war die Wiese vor dem Bahnhof Schlachtensee, oberhalb des Sees. Auch sie war vermutlich eingeschmolzen worden. Dank der Hinckeldey-Stiftung wurde vor einigen Jahren ein Nachguss am ursprünglichen Ort wieder aufgestellt. »Die Badende« hatte es dort aber nicht leicht. Immer wieder wurde sie in allen Farben besprüht, beschädigt oder als Klettergerüst genutzt. In letzter Konsequenz half nur ein Umzug nach Nikolassee, wo man mit ihr bisher sehr pfleglich umging.

Bevor unser Rundumblick wieder auf den Bahnhof trifft, zeigt sich die südlich angrenzende Ladenzeile aus den fünfziger Jahren mit Friseur, Bäcker, Buchladen und anderen Einzelhandelsgeschäften.

Wir verlassen den Platz und folgen der Prinz-Friedrich-Leopold-Straße. Sie führte bei Ihrer Anlage bis zum Nikolassee und endet heute an der Libellenstraße, da ihr in den dreißiger Jahren die Avus den Weg verbaut hat. Der unerträgliche Verkehrslärm ist auch der Grund, warum der Nikolassee heute vielen Berlinern unbekannt ist. Wer einmal an seinem Ufer spazieren ging, wird ihn in Zukunft meiden.

Die Conditorei Heinroth backt seit vielen Jahren nicht mehr. Trotzdem ist man hier nicht auf Fabrik-Backwaren angewiesen. Auf der linken Straßenseite (Nr. 6) lockt heute das »Tayas« mit traditioneller Backkunst. Die in feinster Handarbeit gefertigten Kuchen und Torten haben geradezu Suchtpotential.

In Nummer 14, einer großen Villa, lebte Gertrud Weinhold bis zu ihrem Tod 1992. Die älteste Tochter eines preußischen Beamten erlernte das handwerkliche Kunstweben und legte darin ihre Meisterprüfung ab. Als ihr jüngerer Bruder, der in den USA lebte, 1937 seine Heimat besuchte, wurde er aus politischen Gründen verhaftet und im KZ-Buchenwald inhaftiert, wo er nach vierjähriger KZ-Haft verstarb. Gertrud Weinhold setzte sich in dieser Zeit für russische Fremdarbeiterinnen ein, was auch sie bis 1943 ins Gefängnis brachte. Zuvor hatte sie trotz des Kriegs eine Reise nach Weißrussland unternommen. Diese Reise wurde zum Auslöser einer Sammelleidenschaft, die sie bis zu ihrem Lebensende nicht mehr losließ. Sie begann osteuropäische religiöse Volkskunst zu sammeln und erweiterte diese Sammlung später auf die Volkskunst aus sechzig Ländern. 1951 stellte sie erstmals ihre umfangreiche Krippensammlung am Berliner Funkturm aus und legte damit den Grundstein für eine dreißigjährige Tradition von Krippenausstellungen in Berlin. Außerdem besaß sie die größte Ostereiersammlung der Welt. Ihre Sammlung von mehr als drei-

Die »Schweizer Villa«, Prinz-Friedrich-Leopold-Straße, 26, um 1910

ßigtausend Objekten religiöser Volkskunst des 19. und 20. Jahrhundert wurde der Grundstock des Museums für Deutsche Volkskunde und ist heute als Sondersammlung Teil des Museums Europäischer Kulturen.

Die »Schweizer Villa« (Nr. 26) ließ der Verleger der Halleschen Zeitung, Otto Thiele, 1901/02 von dem Baumeister Reinhold Rohde für sich errichten. Den Giebel des Hauses zieren drei Inschriften: »Einer acht's – der Andere verlacht's – der Dritte betracht's«. Von 1939 bis 1943 lebten Alice und Walter Sommerlath in dem Haus. Walter hatte zuvor jahrelang ein Stahlwerk in Sao Paulo geleitet, wo er Alice, eine Brasilianerin heiratete. Seit seiner Rückkehr nach Deutschland leitete er eine Waffenfabrik in Berlin, bis diese 1943 bei einem alliierten Luftangriff zerstört wurde. Als seine Frau schwanger wird, verlässt die Familie Berlin und geht nach Heidelberg, wo am 23. Dezember 1943 ihre Tochter Silvia zur Welt kommt. Diese wird 1972, während der Olympischen Spiele in München, den schwedischen Kronprinzen kennenlernen. Vier Jahre danach heiratet sie König Carl Gustav und wird schwedische Königin.

Da unser Weg nach links in die Teutonenstraße führt und wir somit die Prinz-Friedrich-Leopold-Straße verlassen, noch ein Hinweis auf die nächste Straßenkreuzung mit der Cimbernstraße. Dort lebte, bis zu seinem Tod 1977, der Schauspieler und Regisseur Fritz Genschow, der vor allem den in der Nachkriegszeit geborenen Berliner Kindern noch bekannt ist. Er spielte vor dem Krieg als Schauspieler an der Volksbühne und der Piscator-Bühne am Nollendorfplatz. In der NS-Zeit entlassen und von der Gestapo überwacht, musste sich Genschow als Statist durchschlagen. Einem großen Publikum wurde er aber nicht unter seinem Namen, sondern als »Onkel Tobias vom RIAS« bekannt, wo er von 1947 bis 1972 jeden Sonntagvormittag die Kinder vor dem Rundfunkgerät fesselte.

Die Teutonenstraße führt nun abwärts auf die Rehwiese zu. Auf der linken Straßenseite (Nr. 14) befindet sich der Sitz der Johannischen Kirche, einer Freikirche, deren Gründer Joseph Weißenberg ein sehr ungewöhnlicher Mann war. Geboren als eines von acht Kindern eines Tagelöhners, erlernte Weißenberg den Beruf des Maurers und arbeitete später in unterschiedlichen Berufen. 1894 ist sein Name erstmals im Berliner Adressbuch als Schankwirt in der Swinemünder Straße zu finden. In den folgenden Jahren wechselte er mehrfach seine Arbeit und auch die Wohnung, bis Jesus Christus ihm seinen Weg wies: »Höre auf, lege das Irdische nieder, du gehst jetzt ins geistige Amt über.« Seiner Vision folgend, Weißenberg war zu diesem Zeitpunkt 48 Jahre alt, gründet er 1903 die »Christliche Vereinigung ernster Forscher von Diesseits nach Jenseits, wahrer Anhänger der christlichen Kirchen«, eine Vereinigung, deren Mitgliederzahl rasch wuchs.

Er bezog eine Wohnung in der Gleimstraße 42, wo er sich seit 1907, mit wachsendem Erfolg, als »Wunderheiler« betätigte. Am Hauseingang wies ein Porzellanschild: »Joseph Weißenberg, Magnetopath und Heilkundiger« dem Heilsuchenden den Weg in die erste Etage. »Der Meister« und zwei bis drei seiner »Werkzeuge«, so nannte er die Medien, in die »sein Geist gefahren ist«, behandelten bis zu fünfzig Patienten am Tag durch Handauflegen und mit Weißkäse. Oft war der Andrang so groß, dass die Warteschlange bis ins Erdgeschoss reichte.

Die »Welt am Abend« berichtete am 1. Dezember 1927 über eine Abendandacht der Weißenbergschen Kirche: »Ein großer Brauereisaal im Südosten. Etwa zweihundert Menschen sind versammelt und singen einen Choral. (…) Viele alte Männer, aber auch jüngere und ganz junge. Sehr viele Frauen, grauhaarige, vornehme in Pelzen, Mädchen in Seidenstrümpfen, zahlreiche kleine Beamte. Fast alle mit dem Abzeichen der Sekte auf der Brust, einer langen schwarz-weiß-roten Schleife. (…) Eine Frau wankt mit geschlossenen Augen vor das Kreuz. Sie stöhnt, presst mit den Händen den Hals, bellt, und der hinter ihr stehende Führer sagt laut: ›Nun wird der Geist zu euch sprechen!‹ Im selben Augenblick beginnt die Frau zu sprechen. Mit geschlossenen Augen, mit einer unnatürlich hohen und lauten Stimme redet sie, singend, monoton. Ihr Kopf ist schief geneigt, die rechte Hand flattert schlenkernd und zitternd hin und wieder hoch, der monotone Strom einer ekstatischen Rede ergießt sich über die Zuhörer. Es ist kaum erträglich, zumal die Worte keinen Sinn haben, religiöse Sprüche, Prophezeiungen, Lobpreisungen des Meisters (…). Sie krächzt und heult, ihr Atem fliegt, ihr ganzer Leib keucht, plötzlich lösen sich die Glieder, die Arme fliegen breit auseinander und zittern; sie sagt mit gänzlich veränderter, leiser, erschöpfter Stimme: ›Empfanget den Segen, steht auf!‹

1920 rief Weißenberg seine Anhänger auf, sich finanziell an dem Bau einer »Stadt des Friedens« zu beteiligen, die in den folgenden Jahren bei Blankensee, dreißig Kilometer südlich von Berlin, entstand. Der charismatische »Meister« selbst leitete das Baugeschehen, und es entstanden innerhalb von 14 Jahren vierzig Gebäude für dreihundert Bewohner. 1925 war die Zahl der Mitglieder, nach Angaben der Kirche, auf über hunderttausend gestiegen.

Die Glaubensgemeinschaft, die sich seit 1926 »Evangelisch-Johannische Kirche nach der Offenbarung St. Johannes« nannte, wurde 1935 als staatsgefährdend verboten und das Kirchenvermögen eingezogen. Weißenberg wird wegen »staatsfeindlichen und illegalen Betätigungen« zu einem Jahr und sechs Monaten Zuchthaus mit anschließender Verbannung nach Obernigk in Schlesien verurteilt, wo er verarmt am 6. März 1941 verstarb.

In der Friedensstadt richtete sich nach dem Verbot der Kirche die Waffen-SS ein und ab 1942 eine Außenstelle des KZ Sachsenhausen. Nach Kriegsende besetzte die Sowjetische Armee die Friedensstadt und blieb bis zum Abzug der Alliierten nach der Wiedervereinigung Deutschlands. Dann erhielt die Johannische Kirche, so heißt sie seit 1975, ihre Siedlung zurück. Heute betreibt sie das St.-Michaels-Heim in der Bismarckallee im Grunewald und ihr Johannisches Sozialwerk in Blankensee.

In Nummer 23, auf der anderen Straßenseite, lebte ab 1938 der Journalist und Dichter Jochen Klepper mit seiner Ehefrau Johanna und deren beiden Töchtern Brigitte und Renate. Die Familie war 1932 nach Berlin gezogen, wo Klepper Anstellung beim Berliner Rundfunk fand. Nach der Machtergreifung wurde er entlassen, da er Mitglied der SPD war und im »Vorwärts« einige Reportagen veröffentlicht hatte. Da Johanna und ihre Töchter, obwohl getauft, nach den Nürnberger Rassegesetzen als Jüdinnen galten, nahm der Druck auf die Familie stetig zu. Drei Jahre arbeitete Klepper in dieser Zeit an seinem Roman »Der Vater«. Er zeichnet im Roman das Bild eines Königs, der sich als »ersten Diener im Staat« sieht, ganz entgegengesetzt zum vorherrschenden Führerbild. Als der Roman 1937 im Buchhandel erschien, wird er ein großer Erfolg. Wenig später wurde der Autor aus der Reichsschrifttumskammer ausgeschlossen, was einem Berufsverbot gleichkam.

Kleppers älterer Stieftochter, Brigitte, gelang noch vor Kriegsbeginn die Ausreise nach Schweden. Als Ende 1942 die Deportation der jüngeren Tochter drohte und die Nazis eine zwangsweise Scheidung der »Mischehen« ankündigten, was auch für Johanna die Deportation bedeutet hätte, entschließt sich die Familie zum Freitod in der Nacht zum 11. Dezember 1942. Seine erschütternden Tagebuchaufzeichnungen wurden unter den Titeln »Unter dem Schatten Deiner Flügel« (1956) und »Überwindung« (1958) postum veröffentlicht.

Im Archiv des Zehlendorfer Heimatmuseums findet sich eine Postkarte, die Jochen Klepper sechs Tage zuvor an seinen Neffen Michael nach Viggbyholm in Schweden schickte: »Mein lieber Michael. Mit Deinem lieben Brief und der schönen Tierzeichnung hast Du mir eine große Freude gemacht, für die ich Dir sehr herzlich danke. Beides war ein schöner Gruß für die Adventszeit, die Ihr hoffentlich recht festlich verleben könnt. Ein kleines Weihnachtspäckchen für Dich und Hasli und Monika habe ich Anfang dieser Woche abschicken lassen. In der Weihnachtszeit denken wir immer ganz besonders viel an Euch. Sei mit den Eltern und Geschwistern herzlichst gegrüßt von Deinem Onkel Jochen.

Berlin-Nikolassee, den 5. Dezember 1942«.

Jochen Klepper mit seiner Ehefrau Johanna und ihrer Tochter Renate

Der winzige Platz, den man nur mit gutem Willen als Platz bezeichnen kann, wurde Ende 2004, anlässlich seines hundertsten Geburtstages, nach dem Architekturkritiker und Kunsthistoriker Julius Posener benannt. »Ich lebe in Deutschland, dem besten Land, das es gab, in Lichterfelde, dem besten Villenvorort seiner Hauptstadt, im besten Haus mit dem schönsten Garten weit und breit …« schrieb er in seiner Autobiographie »Heimliche Erinnerungen«. Dieses »beste Land« zwang den aus bürgerlich-jüdischem Haus stammenden Sohn des Malers Moritz Posener 1933 zur Flucht. Zuvor hatte er Architektur an der Technischen Hochschule Berlin-Charlottenburg studiert und war einige Zeit im Büro Erich Mendelsohns tätig. 1961 zog Posener an die Rehwiese und übernahm den Lehrstuhl für Baugeschichte an der Berliner Hochschule für Bildende Künste, wo er bis 1970 lehrte. Häufig setzte er sich aktiv für die Rehwiese und für den Erhalt von Landhäusern ein.

Die Teutonenstraße führt nach rechts zur Straße An der Rehwiese. Nach vierzig Metern überqueren wir, auf einem asphaltierten Weg, den Grünzug und erreichen auf der anderen Seite eine Treppe, der wir nach oben folgen. Die Rehwiese setzt die Grunewaldseenkette fort und verbindet den Schlachtensee mit dem Nikolassee. Der Grünzug wird von Eichen flankiert, von denen manche merkwürdig kurzstämmig ausschauen. Das liegt daran, dass bei der Anlage der Straße Aufschüttungen von bis zu einem Meter erforderlich waren, was bei einigen Bäumen die Stämme optisch verkürzte. Ein Wall musste auch für den Bau der Spanischen Allee aufgeschüttet werden. Dort steht die älteste Eiche der Rehwiese mit einem Stammumfang von immerhin fünf Metern. Von der Wiese aus gesehen scheint es, als ob die Autofahrer auf der Spanischen Allee direkt durch die Baumkrone fahren.

An manchen Stellen ist das ehemals von Erlen gesäumte Bachbett, das auf alten Karten noch als Kuhfenn eingezeichnet ist, gut zu erkennen. Heute fließt das Wasser allerdings unterirdisch und zeigt sich nur dann, wenn die Berliner Wasserwerke es zulassen. Das nahe Wasserwerk, Beelitzhof I und II, wurde 1888 und 1894 in Betrieb genommen. Mit der zunehmenden Bebauung wurde verstärkt Wasser gefördert, was zum Absinken des Grundwassers und zu starkem Wasserverlust in den Grunewaldseen führte. Der Wasserspiegel des Schlachtensees sank um gut zwei Meter und der Nikolassee war 1910 vollständig ausgetrocknet. Daraufhin wurde ein »Schutzverband für die Erhaltung der Grunewaldseen« gegründet, dem sich viele einflussreiche Anwohner anschlossen mit dem Ziel, den ursprünglichen Zustand von Natur und Wasserflächen wieder herzustellen. Auch der Architekt Hermann Muthesius unterstützte als Anwohner der Rehwiese den Schutzverband und beschwerte sich in einem Schreiben an den Landrat von Stubenrauch: »Seit einigen Wochen ist ein ganzes weiteres Gebiet der Rehwiese direkt unter meinem Hause aufgewühlt, auf welchem die Wasserwerke die Bauarbeiten für eine weitere Ausbreitung ihrer Pumpwerke vornehmen. Tag und Nacht entsendet eine zum Betriebe der Bauarbeiten aufgestellte Lokomotive Rauchwolken, die die Luft verschlechtern und unter denen ich hier persönlich besonders zu leiden habe«.

Die Berliner Wasserbetriebe handeln noch heute gerne frei nach Gutsherrenart. So wurden trotz heftiger Anwohnerproteste vor einigen Jahren die Brunnen großflächig von Zäunen umgeben, die seither das Landschaftsbild der Rehwiese verschandeln.

Die Grundstücke der Straße An der Rehwiese, zwischen Normannenstraße und Cimbernstraße, wurden unmittelbar nach Gründung der Villenkolonie bebaut. Zu den ersten Anwohnern gehörte auch der Geheimrat Theodor Reh, der seine Villa an der Ecke Cimbernstraße errichten ließ. Reh war Regierungsbaumeister und ein erfolgreicher Bauunternehmer, später auch Vorstandsmitglied der Deutschen Kolonialeisenbahn-Bau- und Betriebsgesellschaft. Lange hielt sich die Vermutung, dass Theodor Reh der Namensgeber des Grünzuges sei, da sich Rehe auf der Wiese nicht zeigen. Henning Schröder weist in seinem Buch über die Rehwiese aber darauf hin, dass Reh erst 1908 seine Villa bezog, die Heimstätten-Aktien-Gesellschaft aber bereits einige Jahre zuvor in einem Verkaufsprospekt das »liebliche Wiesental« als Rehwiese anpries.

Wir steigen die Treppe nach oben. Auf halber Höhe sehen wir rechts ei-

Muthesius' Wohnhaus An der Rehwiese, um 1910

ne kleine Tür im Gartenzaun, die zum einstigen Wohnhaus von Hermann Muthesius führt. Ursprünglich reichte sein Grundstück bis zur Potsdamer Chaussee und verfügte somit über einen großen Garten und eine angemessene Zufahrt. Heute stehen dort mehrere Wohnhausblöcke, die seinem Landhaus einen unwürdigen Rahmen geben.

Als Hermann Muthesius 1906 mit dem Bau seines eigenen Landhauses begann, war der Sohn eines Thüringer Maurermeisters 45 Jahre alt. Er hatte Kunstgeschichte und Philosophie belegt, bevor er an die Technische Hochschule Charlottenburg wechselte, um Architektur zu studieren. Zu dieser Zeit arbeitete er nebenbei im Architekturbüro von Paul Wallot, dem Erbauer des Reichstages. Nach Beendigung seines Studiums ging er nach Tokio, wo er für das Architektenbüro Ende & Böckmann an mehreren Regierungsbauten und einer Kirche mitarbeitete. Es folgten einige Studienreisen, bis er 1896 Technischer Attaché für Architektur an der Deutschen Botschaft in London wurde. Da Deutschland die Eroberung des Weltmarktes anstrebte, schrieb er Berichte über technische Fragen jeder Art sowie über Architektur und Kunstgewerbe. 1904 kehrte Muthesius nach Deutschland zurück und wird Geheimrat im Preußischen Handelsministerium, zuständig für die Reformierung der Kunstgewerbe- und Fachschulen. Gleichzeitig arbeitet er als selbstständiger Architekt.

In seiner Londoner Zeit hatte sich Muthesius intensiv mit der Arts and Crafts-Bewegung um William Morris beschäftigt und zahlreiche Schriften über englische Landhausarchitektur verfasst. In der Heimat ließ er

Haus Freudenberg, Potsdamer Chaussee 48, um 1960

nun der Theorie die Praxis folgen, und es entstand eine große Anzahl von Bauten, vornehmlich Landhäuser, darunter einige in Nikolassee. 1906 hatte Muthesius für sich und seinen späteren Nachbarn, Hermann Freudenberg, ein 2,5 Hektar großes plateauartiges Grundstück erworben, das um gut zwölf Meter die Rehwiese überragte. Auf einem Teil des Grundstücks baute er das eigene Wohnhaus für die Familie. Hermann Muthesius war verheiratet mit der Sängerin und Pianistin Anna Trippenbach, mit der er zwei Töchter und einen Sohn hatte. Seine eigenen Arbeitsräume verlegte der Hausherr in die »Beletage«, in den ersten Stock. Für ein Landhaus eine recht ungewöhnliche Entscheidung, aber Muthesius wollte nicht auf den Rehwiesenblick verzichten.

Unmittelbar nach Fertigstellung seines Hauses widmete er sich der Bebauung des Nachbargrundstücks, links der Treppe, für Hermann Freudenberg. Um das Gebäude zu sehen, steigen wir weiter die Stufen nach oben und halten uns dann links. Nach wenigen Metern weist eine Metalltafel auf den »Nikolashof« hin.

In der Mittelachse, zwischen zwei Neubauten, steht das Haus Freudenberg. Deutlich ist der Winkelgrundriss, ein Markenzeichen des Landhausarchitekten, zu erkennen. Die anmutige Winkelform war in diesem Fall die Antwort des Architekten auf die Topographie der angrenzenden Rehwiese. Der Hausherr, ein Sohn des jüdischen Kaufmanns Philipp Freudenberg, war, wie auch sein Bruder Julius, Mitinhaber des Berliner Modekaufhauses Gerson am Werderschen Markt. Bis 1935 ist die Familie Freudenberg noch als Eigentümer des Hauses im Berliner Adressbuch eingetragen. In der Nachkriegszeit wurde das Haus einige Jahre als »Klinik Nikolassee« genutzt. 1974 wurde dann durchgreifend umgebaut. Das Haus Freudenberg blieb, bis auf die Fenster, von außen annähernd originalgetreu erhalten. Im Inneren wurden die Grundrisse aber völlig verändert, um die Aufteilung in Eigentumswohnungen zu ermöglichen. Wo sich einst ein großer Landhausgarten befand, entstanden 1974 die flankierenden Neubauten.

Im Mai 2010 zeigte eine Ausstellung im Ephraim Palais »Mode von 1820-1880«. Ein ganzer Raum war dabei der Kleidung des Modehauses Gerson vorbehalten. Dort wurde auch ein Gemälde von Emil Orlik ausgestellt, das Regina Freudenberg, die Gattin von Julius Freudenberg zeigte. Als das Modehaus »arisiert« wurde und sie nach Belgien flüchtete, hinterließ sie das Gemälde Freunden als Abschiedsgeschenk.

Gegenüber dem Haus Freudenberg, auf der anderen Seite der Potsdamer Chaussee, ist ein weiterer Bau von Muthesius zu erkennen. Der Klinkerbau (Nr. 68) ist in diesem Fall kein Landhaus, sondern das 1922 bis 1923 für Hermann Freudenberg errichtete Chauffeurs- und Garagenhaus. Im Erdgeschoss fanden zwei Autos Platz. Außerdem gab es eine kleine Werkstatt und eine Waschküche. Im Obergeschoss befand sich die Chauffeurswohnung.

An der nächsten Kreuzung biegen wir links in den Kirchweg ein. Auf der rechten Seite steht das großzügig errichtete Gemeindehaus der Evangelischen Kirche in Nikolassee. Es entstand nach einem Wettbewerb unter ausschließlich in Nikolassee wohnenden Architekten, den Walther Lehweß gewann. Das Gebäude ist Teil einer sehr harmonischen Bebauung von Gemeindehaus, Pfarrhaus, Kirche und Friedhof.

Das Pfarrhaus steht in einer Achse mit der Kirche direkt oberhalb der Rehwiesenkante und ist mit der Kirche durch einen Laubengang verbunden. Das Haus entstand nach einem Entwurf von Heinrich Straumer, der neben zahlreichen Villen und Landhäusern, darunter einige im Bereich der Rehwiese, auch den U-Bahnhof Thielplatz und den Berliner Funkturm entworfen hat. Die Kirche, deren schlanker Turm die alten Bäume der Rehwiese überragt, entstand zwischen 1909 und 1910 nach Plänen der Architekten Erich Blunck und Johannes Bartschat. Der Vorbau, der den Kircheneingang überdacht, war von den Architekten nicht geplant, erweist sich aber bei Hochzeiten und Taufen als äußerst praktisch, wenn das Wetter mal nicht mitspielt. Die ursprünglich eingebaute Turmuhr wurde 1984, nach siebzig Jahren des Stillstands, erneuert. Nun zeigt sie endlich die richtige Zeit an, die allerdings durch die üppigen Verzierungen an Zeigern und Ziffernblatt nur schwer zu erkennen ist.

1937 übernahm Karl Wiese von seinem Vorgänger Georg Hollmann die Pfarrei in Nikolassee und übte das Amt bis 1954 aus. Er war zuvor Pfarrer an der Berliner Gethsemanekirche und außerdem Schatzmeister der Bekennenden Kirche, der er seit ihrer Gründung im Jahr 1934 angehörte.

Das Kriegerdenkmal, gegenüber dem Eingang, auf der anderen Seite der Wiese, erinnert an die Gefallenen des Ersten Weltkrieges und soll Stolz und Schmerz ausdrücken. Es zeigt einen sitzenden Gefallenen und einen hochstürmenden Krieger, beide nackt. Der Krieger hält in einer Hand ein Kurzschwert und mit der anderen ein Rundschild, was an Kämpfer des Altertums erinnert. Auf dem Kopf trägt er allerdings einen Stahlhelm aus der Zeit des Weltkriegs. Dazu die Inschrift: »Gewaltiges haben sie geleistet für uns / Ihr Andenken in Ehren / Unsägliches haben sie gelitten für uns / Unauslöschlich unser Dank / Sei getreu bis in den Tod«.

Wir betreten auf der anderen Straßenseite durch das Eisentor den Kirchhof, der 1907 nach Plänen von Johannes Bartschat angelegt wurde, der fünf Jahre später auch die Kapelle entwarf. Hinter dem Eingang gehen wir nach rechts und bleiben immer, so weit es geht, neben der Außenmauer, die etwas später durch einen Drahtzaun ersetzt wird. Wir achten nah dem Zaun auf eine aus kleinformatigen Klinkersteinen errichtete Grabwand, die nicht von ungefähr an das zuvor gesehene Haus Freudenberg erinnert. Es war die Idee von Hermann Muthesius, das Grabmal aus dem gleichen Material zu errichten wie zuvor das Haus Freudenberg.

Wir folgen dem Weg weiter bis zu einer kleinen Gittertür, die den Zaun unterbricht. Dort biegen wir nach links ab und sehen neben uns, auf der linken Seite, ein Holzkreuz. Es erinnert an den Schriftsteller Jochen Klepper, seine Frau Johanna und seine Stieftochter Renate Stein, die am 11. Dezember 1942 keinen anderen Ausweg mehr sahen als den gemeinsamen Freitod durch Schlaftabletten und Gas. Die letzte Eintragung im Tagebuch Kleppers lautete: »Wir sterben nun – ach, auch das steht bei Gott. Wir gehen heute Nacht gemeinsam in den Tod. Über uns steht in den letzten Stunden das Bild des Segnenden Christus, der um uns ringt. In dessen Anblick endet unser Leben«.

Das Schicksal der Familie Klepper, vor allem der gemeinsame Freitod, erinnert an den Schauspieler Joachim Gottschalk, seine jüdische Frau Meta und ihren Sohn Michael, die ein Jahr zuvor den gleichen Weg wählten. Vorbei geht es an dem großen Kreuz mit der Inschrift »Er ist unser Friede«. Bald kreuzt ein Hauptweg der nach rechts zu einem weiteren Gittertor führt. Wir wollen aber nach links, um dann bei der zweiten Möglichkeit nach rechts abzubiegen. Nach wenigen Metern taucht rechts des Weges das Grab der Familie Muthesius auf. Der große Landhausarchitekt und Gründer des Deutschen Werkbundes (1907) entwarf über siebzig Landhäuser im englischen Stil, aber auch Industriebauten wie die Telefunken Großfunkstelle Nauen (1917-20) oder die Seidenweberei Michels & Cie in Nowawes (1912). 1916 eskalierte ein schon länger schwelender Streit mit Bauhaus-

Reformern wie Walter Gropius, Henry van de Velde und anderen, der Muthesius vom Vorstand des Werkbundes zurücktreten ließ. Am 26. Oktober 1927, der Architekt befand sich auf dem Weg zu einer Baustelle in Steglitz, verunglückte er tödlich, als er auf der Schlossstraße die Gleise der Straßenbahn überqueren wollte. Dabei wurde er von der Bahn erfasst und so unglücklich gegen einen Baum geschleudert, dass er einen schweren Schädelbruch erlitt. Er wurde ins Krankenhaus eingeliefert, wo er wenige Stunden später, im Alter von 66 Jahren, verstarb. Die Straße, an deren Einmündung Muthesius verunglückte, wurde später nach ihm benannt.

Vom Grab geht es fünf Meter zurück und dann nach rechts. Wir laufen geradeaus, bis ein Zaun den Friedhof von einem Tennisplatz abgrenzt. Dort geht es nach links, wo uns gleich auf der rechten Seite das Grab der Familie Krottnaurer interessiert.

Der Kommerzienrat Hugo von Krottnaurer (1851-1915) war Gründungsmitglied und Direktor der Heimstätten AG sowie Gründer der Villenkolonien Nikolassee, Schlachtensee und Karlshorst. Er gilt auch als Schöpfer des Bebauungsplans von Nikolassee, was ihm offenbar sehr wichtig war, da dieser Plan, der mehr an einen Schnittmusterbogen erinnert, auf seinem bereits etwas verwitterten Grabstein verewigt ist. Auf der linken Seite der Grabstein für seine Ehefrau Gertrud. Hier gibt ein Relief Auskunft, dass sie 1913 ein Säuglingsheim in der Borussenstraße 3 gestiftet hat. Das »Gertrudhaus« wurde 1939 abgerissen, als der Avus-Zubringer Nikolassee gebaut wurde. Krottnaurer lebte mit seiner Familie einige Jahre in der später nach ihm benannten Straße (Nr. 8), bevor er in die »Rosenburg« in der Libellenstraße umzog.

Auf dem Weg zurück zum Eisentor, durch das wir den Begräbnisplatz verlassen, kommen wir noch an dem Grab von Theodor von Brockhusen (1882-1919) vorbei, bekannt als ausdrucksstarker Maler märkischer Landschaften und Nachfolger von Max Liebermann als Präsident der Berliner Sezession. Seinen Grabstein schuf der Bildhauer Fritz Klimsch.

Nach Verlassen des Friedhofs gehen wir nach rechts und kommen so am 1925 gegründeten Tennis-Club Grün-Weiß Nikolassee vorbei. Das Vereinshaus (Nr. 24), man sieht es ihm nicht an, ist auch ein von Muthesius gebautes Haus, fertiggestellt 1915. Gebaut wurde es als Atelier für den Fabrikbesitzer und Bildhauer Dr. Erich Wild. Das einzige bekannte Werk von ihm, eine liegende Frauenskulptur, befindet sich im Garten des Vereinshauses. Bereits ein Jahr zuvor hatte Muthesius, ebenfalls für Dr. Erich Wild, das Landhaus gegenüber (Nr. 25) auf der anderen Straßenseite gebaut. Aus der Baubeschreibung geht hervor, dass der Bauherr sich eine große Zimmergruppe und ein ovales Esszimmer wünschte. Das Haus sollte niedrig gehalten und mit einem gebrochenen Dach gedeckt sein. Das Dachgeschoss diente der Hausherrin als Atelier.

Rechts neben der »Villa Wild«, Kirchweg 27, stand ein weiterer Bau von Muthesius, das »Haus Stern«. Auftraggeber war 1912 der Kaufmann Albert (eigentlich Abraham) Stern, der Gründer und Mitinhaber von Graumann & Stern, einem Damenkonfektionsbetrieb in der Mohrenstraße. Das Unternehmen, mit eigenen Fabriken, gehörte zu den bedeutendsten Konfektionsbetrieben mit mehreren Filialen in Europa. Bis 1941 ist Stern noch als Eigentümer, mit Wohnsitz in Amsterdam, im Berliner Adressbuch zu finden. In der Nachkriegszeit gab es mehrere Einzelhandelsläden in dem Landhaus, das 1969 dem Abriss zum Opfer fiel.

Gegenüber (Nr. 28) »Villa Meier-Graefe«, diesmal nicht von Muthesius, sondern 1912 nach Entwurf des Regierungsbaumeisters Walther Epstein gebaut, der auch die Gartengestaltung übernahm. Bauherr war der Kunsthistoriker und Schriftsteller Julius Meier-Graefe, der als wichtiger Vorkämpfer des Impressionismus gilt. 1895 hatte er die Zeitschrift »Pan« mitbegründet, deren Redaktion er aber schon ein Jahr später wieder verließ. Er schrieb etliche Biografien von Künstlern sowie das dreibändige Werk »Entwicklungsgeschichte der Modernen Kunst«. Durch den Bau seines Hauses lernte Meier-Graefe Annemarie, die Tochter des Architekten kennen, mit der er nach der Trennung von seiner Frau eine dritte Ehe einging. Ab 1949 lebte Karl-Friedrich Bonhoeffer, der Bruder von Klaus und Dietrich, in dem Haus.

Den »Mittelhof« am Kirchweg 33 stellte Hermann Muthesius 1915 fertig. Der Bauherr, Generaldirektor Wilhelm Mertens, ein Großindustrieller, wünschte sich ein gehöftartig um zwei Höfe gruppiertes Einfamilienhaus im altschottischen Stil. Die bebaute Grundfläche beträgt neunhundert Quadratmeter. Zwischen 1939 und 1943 hatte der Landeskulturverwalter Gau Berlin hier seinen Dienstsitz. Nach Kriegsende wurde es vorübergehend genutzt als »Red Cross Club« der US Army und anschließend bis 1950 als Nachbarschaftsheim »Mittelhof«, eine Einrichtung der Quäker. Ab 1975 nutzte die Historische Kommission zu Berlin (West) den Bau an der Rehwiese. Mit der Wiedervereinigung und der damit verbundenen Zusammenführung vieler Institutionen zog das Zentrum Moderner Orient hierher. Die Forschungseinrichtung befasst sich mit den Beziehungen zu den islamischen Ländern.

Hermann Muthesius war für das fortschrittliche Großbürgertum nach dem Ersten Weltkrieg einer der wichtigsten Architekten. Der Landschaftsgarten galt als überholt, Muthesius und andere propagierten nun den klar geordneten, geometrischen Garten. Julius Posener, der sich mit den Bauten von Muthesius intensiv befasste, hielt sie für vorbildlich. Er beschrieb auch den Unterschied zwischen einer Villa und einem Landhaus. Eine Villa besitzt ein hohes Sockelgeschoss. Darüber wohnt die Herrschaft und blickt vom Salon oder Esszimmer hinab in den Garten. In einem Land-

Der »Mittelhof«, Kirchweg 33, 1968

haus gelangt man aus den ebenerdigen Wohnräumen direkt in den Garten, wo die einzelnen Gartenteile die vorgelagerten Außenräume bilden. Für Muthesius war nach eigenen Worten die »innige Anpassung an die Natur mit dem Bestreben, Garten und Haus zu einem einheitlichen, eng verschmolzenen Ganzen zu machen, das Ziel«. Die meisten seiner Landhäuser haben, wie man am Mittelhof gut sehen kann, wenn man das Gebäude umrundet, bewusst niedrige Decken, kleine Fenster, im Inneren viel Holz, bequeme Grundrisse und sind dadurch etwas dunkel, strahlen dafür aber Wohlbehagen und Gemütlichkeit aus.

Hinter dem Mittelhof knickt der Kirchweg nach links ab und führt abwärts wieder zur Rehwiese. Wir folgen ihm aber nur ein Stück, um erst nach rechts in die Lückhoffstraße, und dann nochmals rechts in die Schopenhauerstraße einzubiegen, in der sich drei weitere Muthesius-Häuser befinden.

In der Schopenhauerstraße 71 sehen wir zuerst das »Haus Bloch«, das Muthesius für den Ingenieur Albert Bloch 1907 fertig stellte. Die »Schokoladenseite« ist allerdings nicht die zur Straße, sondern die blickgeschützte Gartenseite. Das Dachgeschoss ist ein durch die gesamte Tiefe reichender Atelierraum, mit Lichteinfall durch den nördlichen Giebel. Das Atelier nutzte der Kunstmaler Leopold Klein-von Diepold, der an verschiedenen Ausstellungen der Berliner Secession beteiligt war.

»Haus Vowinckel« (Nr. 53/55) wurde zwischen 1920-21 für den Kaufmann Albert Vowinckel aus Rathenower Handstrichziegeln gebaut. Der Hausherr war Mitinhaber einer Großhandelsfirma für Schwellen- und Grubenholz sowie Aufsichtsratsvorsitzender der Holzkontor AG. Da bei Baubeginn noch ein nach dem Ersten Weltkrieg verhängtes »Luxusbauverbot« galt, sah die Planung ein einstöckiges Gebäude vor. Als während der Bauzeit das Verbot aufgehoben wurde, erhielt das Gebäude noch ein komplettes Obergeschoss, auf das dann der schon zuvor zugerichtete Dachstuhl gesetzt wurde. Vowinckel verzichtete hier auf die übliche Halle zugunsten von drei sehr geräumigen Wohnzimmern. Die ursprünglich große Gartenanlage entstand nach Plänen von Muthesius und Ludwig Späth. Auf der gegenüberliegenden Straßenseite begegnet uns das letzte Muthesius-Haus dieses Spaziergangs.

»Haus Hirschowitz« (Nr. 46) entstand 1913 bis 1914 nach Entwurf von Muthesius für den Ingenieur Ernst Hirschowitz. Mitte der fünfziger Jahre wurde das Haus an der Rückseite um einen Ateliertrakt erweitert.

Einen großen Teil von Nikolassee haben Sie jetzt kennengelernt und dabei in einem eng begrenzten Gebiet eine größere Anzahl von Landhäusern gesehen, die alle nach Entwürfen und Ideen von Hermann Muthesius entstanden sind. Wie kann man seinen großen Erfolg, vor allem in der Zeit vor dem Ersten Weltkrieg, erklären? Vermutlich baute er einfach zur richtigen Zeit die richtigen Häuser für eine bürgerliche Schicht, der er auch selbst angehörte. Er war für Bauherren tätig, deren Vorstellungen und Idealen er deshalb so gut entgegenkommen konnte, weil sie seine eigenen waren. In jedem der von ihm geplanten Landhäuser hätte sich Muthesius selbst vermutlich auch wohl gefühlt – was man nicht von jedem Architekten sagen kann.

Lassen wir den Gartenfreund Muthesius auch zu Wort kommen: »In allen Zeiten der menschlichen Kultur haben Haus und Garten unzertrennlich zusammengehört. Stets ist der Garten der Freudenbringer für das Haus gewesen, die Liebe zum Haus ist ohne die Liebe zum Garten kaum verständlich (...). So ist der Garten nur ein Teil der Behausung des Menschen, das weitere Gehäuse, in dem das engere, das eigentliche Haus, seinen Standort findet.«

Aus seinen Landhausstudien entwickelte sich das dreibändige Werk »Das englische Haus«. In England selbst gibt es kein vergleichbares Buch. So sagt Richard Lethaby, ein englischer Zeitgenosse von Muthesius: »Wenn man über das Wesen der englischen Freien Baukunst etwas lernen will, dann müssen wir zu den Deutschen gehen« – also nach Nikolassee!

Friedrichshagen

Von Spinnern, Dichtern und Anarchisten
Besuch im schönen Friedrichhagen

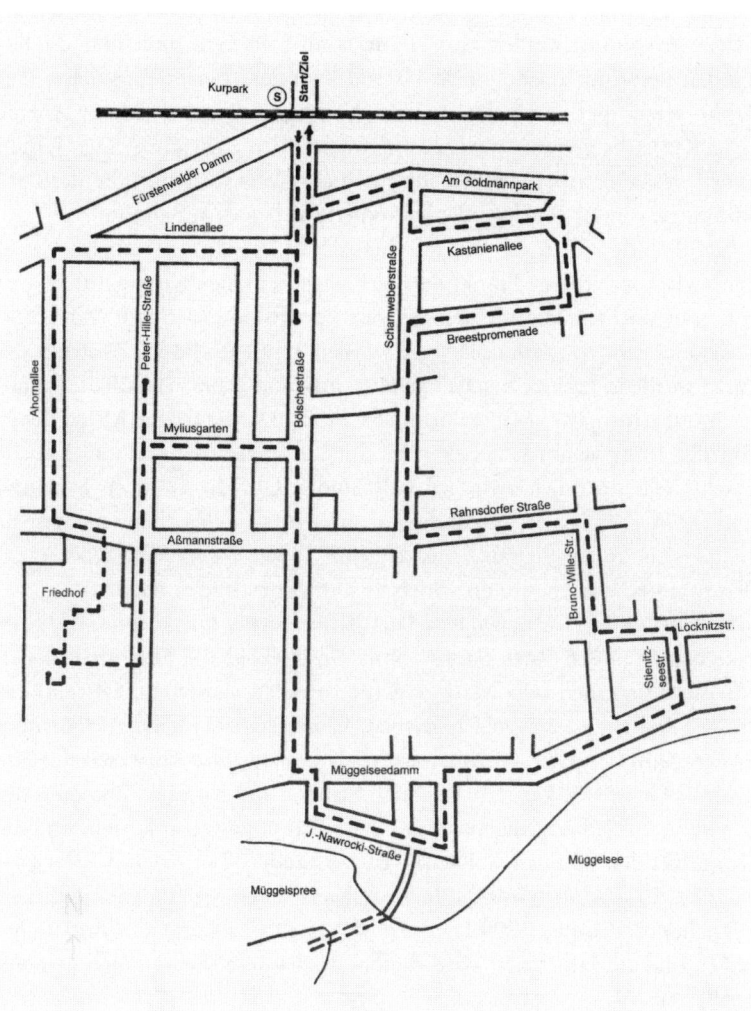

Wir brauchen mehr Geld! So das Fazit der letzten Gemeinderatssitzung im Jahr 1879. Seit der Fertigstellung der Eisenbahnstrecke Berlin – Frankfurt/Oder, mit Station in Friedrichshagen, kamen zwar immer mehr Berliner zur Sommerfrische in den Ort, aber die Gemeinde profitierte davon nur wenig. Die Urlauber mieteten Zimmer und brachten den Gastwirten guten Umsatz. Bald kauften sie Grundstücke am Müggelsee, um eigene Sommerhäuser und stattliche Villen zu errichten. Trotz alledem blieb die Gemeinde arm, die Kasse leer. So beschloss der Gemeinderat, dass Friedrichshagen Kurort werden muss, dann könnte die Gemeinde über die fällige Kurtaxe zum ersehnten Wohlstand kommen. Leider kam dieser Gedanke etwas spät, denn die meisten Wassergrundstücke, die zur Anlage eines Kurparks geeignet waren, hatte man in den zurückliegenden Jahren bereits verkauft. Aber wenn schon nicht am Wasser, dann sollte der Park zumindest zentral angelegt werden – direkt neben dem Bahnhof.

Nördlich der Gleise der Niederschlesisch-Märkischen Eisenbahn, die in der Zwischenzeit über Frankfurt/Oder nach Schlesien weitergeführt worden war, pachtete die Gemeinde vom Forstfiskus ein Stück Wald und machte es zum Kurpark. Kieswege wurden angelegt und im Zentrum des Parks wurde in leichter Bauweise eine Trink- und Promenadenhalle errichtet, wo die Kurgäste »Mineralbrunnen, Molken sowie frische Milch direkt von der Kuh« verabreicht bekamen. Eine zwanzig Mann starke Kapelle brachte jeden Morgen zwischen 6.30 und 8 Uhr die Gäste in Schwung und ein Werbeprospekt verkündete: »… es wird in vielen Fällen nicht mehr nöthig sein, kostspielige und anstrengende Reisen nach entfernten Gegenden zu unternehmen, um dort auch nicht mehr zu finden als hier.«

So erhielt Friedrichshagen den Titel »Klimatischer Luftkurort«. Die Kurtaxe betrug in der ersten Saison, ohne Unterschied der Aufenthaltsdauer, für Einzelpersonen zwei Mark und für Familien vier Mark. Obwohl das für die damalige Zeit recht teuer war, kamen bereits im ersten Jahr über zweitausend Besucher, erheblich mehr als geplant. Das Kurwesen florierte und die Gemeinde kassierte reichlich Steuern und Kurtaxe. Die Zahl der Einwohner Friedrichshagens verdoppelte sich in nur zehn Jahren, und die Kurgastzahlen nahmen weiter zu. Es entstanden Biergärten, Cafés, Hotels und neue Straßen mit der heute teilweise noch vorhandenen gründerzeitlichen Bebauung. 1890 leuchten die ersten Gaslaternen in Friedrichshagen und ein Jahr später wird die Friedrichstraße (heute Bölschestraße) gepflastert.

Der Erste Weltkrieg unterbrach das beschauliche Kurgeschäft. Als man anschließend den Betrieb wieder aufnehmen wollte, kam Friedrichshagen 1920, trotz erheblicher Widerstände der Einwohner, zur Stadtgemeinde Groß-Berlin. Der Kurpark wurde nun Teil der ausgewiesenen Dauerwaldflächen, und der in Berlin herrschende Wohnungsmangel zwang die Ge-

Bölschestraße, Oktober 1990

meindeverwaltung, »Wohnungen und nutzbare Räume allerorten ausfindig zu machen«, um die große Wohnungsnot zu mildern. Wohnraum für Sommergäste freizuhalten war nun nicht mehr erlaubt, was zu einem jähen Ende des Kurbetriebs führte.

Wer vom Bahnsteig dem Ausgang zustrebt, sieht links den einstigen Kurpark, der heute eine Parkanlage mit Tennisplätzen und einem Freilichtkino ist. Hinter dem Park, vom Bahnsteig aus aber nicht zu sehen, erstreckt sich das reizvolle Erpetal. Nach Verlassen des Bahnhofs beginnt südlich der Bahnlinie die Bölschestraße, die für mich so etwas wie der »Ku'damm« von Friedrichshagen ist. Die Hauptachse des Ortsteils verbindet den S-Bahnhof mit dem 1500 Meter entfernten Müggelsee. Neben vielen gründerzeitlichen Bauten gibt es noch eine größere Anzahl dörflicher Häuser. Es fällt auf, dass hier noch zahlreiche Einzelhandelsgeschäfte existieren und diese auch großen Wert auf die Gestaltung ihrer Schaufenster legen. Ein schönes Beispiel ist rechts der Friseur (Nr. 72) mit seiner alten Einrichtung, holzverkleideten Wänden, den Waschbecken und den alten Spiegeln sowie den großen Kerzenleuchtern in den Fenstern.

Auf der linken Straßenseite ist das Kino »Union«. Seine Geschichte beginnt 1872 mit dem Bau eines Billardsaals, der auch für Tanzveranstaltungen und Bälle genutzt wird. 1913 folgte dann die Umwandlung in ein Kino-Theater mit 314 Plätzen, das durch Umbau nach dem Ersten Weltkrieg 579 Besuchern Platz bot. 1948 zerstörte ein Brand das Dach sowie große Teile der Einrichtung. Erst nach dem Wiederaufbau Anfang der fünfziger Jahre konnte der Kinobetrieb wieder aufgenommen werden. Als nach der politischen Wende das »Union« privatisiert werden sollte, kaufte es 1994 der Entertainer Wolfgang Lippert, »der sich damit einen Jugendtraum erfüllte«. Friedrichshagener Kinofreunde beklagten in der Folgezeit die mangelnde Instandhaltung und Vernachlässigung des Traditionskinos. Der Betreiber dachte bereits an einen möglichen Abriss und anschließenden Neubau eines Wohn- und Geschäftshauses und schloss das »Union« 1998 »wegen Umbau«.

Seither tat sich einiges. Nach fünfjähriger Schließung und zwischenzeitlichem Verkauf an einen Bauunternehmer mietete ein filmbegeisterter Architekt gemeinsam mit einem Projektentwickler das Kino. Ihnen gelang es, womit kaum jemand rechnete, die Leinwand wieder zum Flimmern zu bringen. Ein Jahr später wurden allerdings die mutigen Betreiber geschockt. Die »Berliner Zeitung« berichtete am 25. Februar 2004: »Union-Retter mit schwarzer Weste. Angeklagt in 45 Punkten: Friedrichshagener Bauunternehmer in U-Haft.« Es drohte ein sich lang hinziehendes Gerichtsverfahren mit ungewissem Ausgang. Die Kinobetreiber wollten aber nicht aufgeben und fanden Unterstützung zahlreicher Sympathisanten. Als es 2006 zur Zwangsversteigerung kam, erhielten sie den Zuschlag zum Mindestgebot von 285 000 Euro. Die hürdenreiche Erfolgsgeschichte wurde vier Jahre später gekrönt mit dem Preis für das beste Kino-Jahresprogramm.

Wir folgen der Bölschestraße bis zur Nummer 87. 1899 hatte Friedrichshagen knapp zehntausend Einwohner. Das alte Amtsgebäude in der Breestpromenade war für die Verwaltung mittlerweile zu klein geworden. So spendierte sich die Gemeinde einen üppigen dreigeschossigen Rathausneubau mit zwei gestaffelten Giebelwänden, der am 8. November 1899 feierlich eingeweiht wurde. Tagten bis dahin die Gemeindevertreter, vielleicht gar nicht so ungern, in der Gastwirtschaft von Franz Lerche, fanden nun die Sitzungen im prächtigen Ratssaal statt. Seine großen Fenster befinden sich unter der Uhr an der Fassade. Im Mai 1916 stand ein Thema mit auf der Tagesordnung, was uns auch heute noch sehr vertraut erscheint und über das in der »Niederbarnimer Zeitung« berichtet wurde: »Ein recht häßlicher Unfug wird gegenwärtig von unserer Jugend täglich in großem Umfange verübt. Es werden nämlich überall, wo sich Gelegenheit dazu bietet, die Mauern der Häuser, die Zäune, die Türen und Pforten, Ladenschilder usw. mit Kreide beschrieben und beschmiert, so daß die Straßen stellenweise dadurch einen recht häßlichen Eindruck machen. Auch Schüler des Gymnasiums üben sich in dieser wenig erfreulichen Freskokunst. Es wäre an der Zeit, daß die Eltern und Erzieher die Kinder von diesem Unfug zurückhielten.«

Nach der Eingemeindung zu Groß-Berlin kam die Verwaltung nach Köpenick und das prächtige Rathaus war bedeutungslos. Seit 1945 nutzte

Rathaus in der Bölschestraße, 2011

die Polizei das denkmalgeschützte Gebäude bis zum Februar 2011. Sie bezieht nun einen Neubau, die neuen Nutzer sind noch nicht bekannt.

Schon vor dem Bau des Rathauses befand sich nebenan, in Nummer 86, der Sitz der »Niederbarnimer Zeitung« und eine Druckerei. Redakteur Albert Kunzke vereinigte alle Bereiche in Personalunion. Als das neue Rathaus eingeweiht wurde, befand sich seine Redaktion fortan in bester Lage, da er nun sein Ohr direkt am Puls der Gemeindeverwaltung hatte.

Ein Stadtquartier erschließt sich am besten nicht auf geraden Wegen, sondern immer im Zick-Zack-Kurs – also nie lange geradeaus gehen und sofort die Richtung ändern, wenn es irgendwo reizvoll oder interessant erscheint. Darum machen wir kehrt, gehen zurück bis zur Ecke Lindenallee und verlassen vorerst die Bölschestraße.

Das Haus Lindenallee 20 wurde in den letzten Jahren gut restauriert. Zwei runde Gedenktafeln zwischen den Fenstern erinnern daran, dass der schwedische Nationaldichter August Strindberg (1849-1912) 1892 einige Wochen im Haus zu Gast war. Er besuchte seinen Landsmann, den Schriftsteller Ola Hanssohn (1860-1925) und dessen Ehefrau, die Journalistin Laura Marholm (1854-1905), die als Übersetzerin auch die Werke von Strindberg in die deutsche Sprache übertrug. Ihre Wohnung war einer der gesellschaftlichen Treffpunkte von Dichtern und Schriftstellern, die zum Friedrichshagener Dichterkreis gehörten oder ihm nahe standen. Seit 1890 gab es diesen Kreis, dessen Kern aus spätnaturalistischen Schriftstellern und politischen Aktivisten bestand. Aber nicht nur Schriftsteller und Künstler, auch Wissenschaftler unterschiedlicher Disziplinen zog der Kreis wie ein Magnet an. Es war eine interessante »wilde« Mischung, die den Ort »Hinter der Weltstadt« (Buchtitel von Wilhelm Bölsche) für sich entdeckte, um im Kreis von Gleichgesinnten ihre kreativen Phasen auszuleben. Zum Dichterkreis gehörten Wilhelm Bölsche, Bruno Wille, die Brüder Heinrich und Julius Hart, Wilhelm Spohr, Gustav Landauer und Peter Hille. Zu den häufigen Gästen und Sympathisanten zählten neben vielen anderen Gerhart Hauptmann, Erich Mühsam, Christian Morgenstern, Rudolf Steiner und der Jugendstilmaler Fidus. Da die Veränderungen der Moderne Friedrichshagen weitgehend verschonten und so der Besucher noch heute ein nahezu unverändertes Ortsbild vorfindet, sind viele Wohnorte der Friedrichshagener Gruppe erhalten und ihre Namen heute auf etlichen Straßenschildern zu finden.

An der Ecke der Peter-Hille-Straße macht ein Schild auf die Johannes-Bobrowski-Bibliothek aufmerksam. Dieser 1917 in Tilsit geborene Johannes Bobrowski, ein Lyriker und Erzähler, lebte seit 1953 in Friedrichshagen. 1962 erhielt er den Preis der Gruppe 47, der ihn auch international bekannt machte.

Den Häusern in der Lindenallee und auch in der Ahornallee, in die wir einbiegen, sieht man an, dass sie mit ihren Balkonen und Loggien für die einstigen Kurgäste und Sommerfrischler gebaut wurden.

Im Februar 1891 zogen die beiden Brüder Heinrich Hart (1855-1906) und Julius Hart (1859-1930) in die Ahornallee 52. Beide hatten sich in Berlin als Schriftsteller, Journalisten und Literaturkritiker schon einen Namen gemacht. Sie gehörten mit zum Kern des Dichterkreises. 1895 zog Heinrich Hart dann nach Charlottenburg. Sein Bruder hatte zwischenzeitlich geheiratet und war mit seiner Frau in die Ahornallee 24 umgezogen. Das Haus, in dem die beiden Brüder zuvor wohnten, brannte 1945 aus und ist bis heute eine Baulücke.

Auf der anderen Straßenseite, in Nummer 19, lebte von 1893 bis 1918 mit einer Unterbrechung die Hauptperson des Dichterkreises, Wilhelm

Bölsche (1861-1939). Freireligiös geprägt, gehört er mit seinem Freund Bruno Wille zu den geistigen Vätern der Volkserziehungsidee. Sein Lebenswerk umfasst rund sechzig Bücher sowie Hunderte von Aufsätzen und Zeitungsartikeln. Hier heiratete er seine zweite Ehefrau, mit der er dann drei Häuser weiter in das Haus Nr. 22 zog.

Drei Jahre haben Julius und Martha Hart in der Ahornallee 24 gewohnt, bevor sie 1897 nach Wilmersdorf umzogen. Hart schilderte diese Zeit in seinen Erinnerungen: »Für einige Jahre wurde Friedrichshagen zu etwas wie einem Klein-Weimar der modernen Geister in der Kunst, zu einem Hauptmittelpunkt des literarischen Lebens.«

Zwischen 1902 und 1903 »hauste« im Seitenflügel, im Nebenraum der Waschküche, der Anarchist und Dichter Erich Mühsam (1878-1934). Der Raum hatte keinen Ofen und auch keine Tapeten, er war eine »unheizbare Kalkbude«. Mühsam, der ein äußerst bewegtes, immer wieder von politischen Haftstrafen unterbrochenes Leben führte, beschrieb den Vorteil seiner Behausung: »… das Fenster, das, vom Hofe aus nicht erreichbar, in die (…) rückwärts abschließende Mauer eingelassen war und ins dichte Kieferngehölz hinauszeigte. So gelang es mir mehrmals, unwillkommenen Besuchen behördlicher Persönlichkeiten auszuweichen, und einmal konnte ich auch ein junges Mädchen aus dem Rheinland, dem es in unserer Friedrichshagener Gesellschaft besser gefiel als zu Hause, durch mein von keiner Straße sichtbares Fenster den Armen der ihr nachjagenden Mutter entreißen.«

Am Haus Nummer 26 erinnert eine Bronzetafel an Johannes Bobrowski (1917-1965), der hier mit seiner Familie lebte. Erste Gedichte von ihm erschienen 1944 in der Zeitschrift »Das Innere Reich«. Nach dem Krieg, dem sowjetische Kriegsgefangenschaft folgte, lebte er als Lektor in Ost-Berlin. Sein erster Gedichtband mit dem Titel »Sarmatische Zeit« erschien 1961 erst in Stuttgart, dann aber auch in der DDR.

Gemeinsam mit seinem Freund Manfred Bieler betrieb er 1962 die scherzhafte Neugründung des Friedrichshagener Dichterkreises, und sie machten sich als zunächst einzige Mitglieder zu Präsidenten. In der Präambel heißt es: »Der Friedrichshagener Dichterkreis steht auf dem Boden Friedrichshagens und sieht seine Aufgaben in der Beförderung der schönen Literatur und des schönen Trinkens.« Zu den wichtigsten Paragraphen gehört Paragraph 8, der besagt: »Das Zentralorgan des Friedrichshagener Dichterkreises ist die Leber. Besondere Mitteilungen erfolgen durch das Herz.« Zu den Ehrenmitgliedern gehörten Robert Wolfgang Schnell, Günter Bruno Fuchs und Lothar Kusche. Klaus Wagenbach, der damals noch Lektor bei Fischer war, gehörte als »Korrespondierendes Mitglied« auch dazu und wurde nach Gründung des Wagenbach-Verlags Bobrowskis Verleger. Dessen original erhaltenes Arbeitszimmer ist der Öffentlichkeit zugänglich und kann nach telefonischer Voranmeldung (030-64092373) von April bis Oktober jeden Sonntagnachmittag besucht werden.

Am Ende der Ahornallee geht es nach links. Hinter der Bölsche-Oberschule betreten wir auf der gegenüberliegenden Seite durch den Haupteingang den Friedrichshagener Friedhof. Pfarrer Hasché weihte ihn ein und vermerkte anschließend im Kirchenbuch: »… ist es mir endlich gelungen den Kirchhof vollständig eingerichtet zu haben. Am 17. Mai 1832 habe ich ihn feierlich eingeweiht und am 22ten August wurde der Arbeitsmann Wilhelm Kühne zuerst dort beerdigt.«

Gleich hinter dem Eingang, rechts des Weges, das Grab des Amts- und Gemeindevorstehers Wilhelm Klut (1848-1909). Der erfolgreiche Kaufmann und begeisterte Segler kam erstmals 1872, im Alter von 24 Jahren, als Sommergast nach Friedrichshagen. Von da an dann regelmäßig, wann immer es seine Zeit erlaubte. Gerade 37-jährig zog er sich aus dem Geschäftsleben zurück und ließ sich hier am Müggelsee nieder, wo er bald in der Bürgerschaft des Ortes eine aktive Rolle spielte. In seiner langen Amtszeit, die nach mehrfacher Wiederwahl durch seinen Tod endete, wurde die Verwaltung modernisiert. Es entstanden der erste Bebauungsplan für Friedrichshagen und zahlreiche Bauten zum Wohl der Bürger, darunter das Rathaus, die neue Kirche, drei Schulen und die Kanalisation.

Wo der Weg vor einem Gräberfeld endet, gehen wir erst nach rechts und dann nach wenigen Metern nach links. An der nächsten Wegkreuzung halten wir uns rechts und entdecken fast am Ende des Gräberfeldes auf der linken Seite das Grab des 1965 an den Folgen eines Blinddarmdurchbruchs verstorbenen Johannes Bobrowski. Hunderte Trauergäste gaben ihm das letzte Geleit, darunter auch Ingeborg Bachmann und Uwe Johnson, der trotz seiner »Republikflucht« die Genehmigung zur Einreise erhalten hatte.

Gegenüber die rötliche Stele der Grabanlage von Walter Gladenbeck (1866-1945). Eine runde Porträtplakette ersetzt, wie man gut sehen kann, eine ursprünglich viereckige Plakette, die irgendwann verschwand. Der hier Bestattete war Mitinhaber der in Friedrichshagen ansässigen Bronzegießerei Gladenbeck. 1850 hatte sein Vater, Hermann Gladenbeck, die Bildgießerei in Berlin-Mitte begründet und später ihren Sitz nach Friedrichshagen verlegt. Unmittelbar hinter seinem Grab befindet sich eine gewölbte liegende Grabplatte, die an Auguste Wille, die erste Frau Bruno Willes erinnert.

Vor den Wandgräbern geht es nach links bis zum Ende des Weges, dann fünfzehn Schritte nach rechts und gleich bei der ersten Möglichkeit wieder nach links. Dem Weg folgen wir und achten auf den zweiten Abzweig nach rechts. Direkt an der Ecke eine auffällige Grabanlage mit einem Relief, das eine Harfespielerin zeigt, geschaffen von dem Bildhauer Fritz Richter-Elsner. Sie schmückt das Grabmal des Kaufmanns Fritz Eichberg

Abschied von Johannes Bobrowski auf dem Friedhof in Friedrichshagen. Der Schriftsteller Hans Werner Richter spricht im Namen der »Gruppe 47«, 7. September 1965

(1864-1918), der 1893 in Berlin die Zigarettenfabrik Eichberg & Glöden gegründet hatte. Sechs Jahre später verlegte er seinen Wohnsitz sowie die Zigarettenproduktion zum heutigen Müggelseedamm 176. In seiner Freizeit war er ein begeisterter Heimatdichter, der zahlreiche Gedichte und Erzählungen über die Mark Brandenburg verfasste. Zwei Bronzetafeln am Grab zeigen Strophen seines »Märkerliedes«. 1903, zum 150. Jubiläum Friedrichshagens, hat Eichberg ein Gedicht geschrieben, in dem es in der dritten Strophe heißt:

> Dornröschen gleich schlief ein Jahrhundert
> Der Ort gar einsam und verkannt,
> Dann wurde wach er – ward bewundert
> Die Perle an dem Müggelstrand.
> Längst lockt die landschaftliche Schöne,
> Der waldumrauschte See und Berg,
> Viel tausend frohe Hauptstadtsöhne
> Zur Rast nach schwerem Tagewerk.

Wir bleiben auf dem Weg, der uns hierher geführt hat. Wenige Schritte weiter ist ein Hauptweg erreicht, der uns etwas später nach links zu einem zweiten Friedhofstor führt. Zuvor gehen wir aber hinter dem Wasserbecken nach rechts und werfen einen Blick auf den zweiten Grabstein, der rechts des Weges nur wenig aus dem Erdreich ragt. Er erinnert an Felix Görling (1860-1932), einen Bildhauer, in dessen Händen viele Jahre die künstlerische Leitung der Bronzegießerei Gladenbeck lag.

Wieder zurück zum Wasserbecken und dann nach rechts. Bevor wir den Begräbnisplatz wieder verlassen, wollen wir noch das Grab von Hildegard

Härtel (1908-1972) aufsuchen. Gegenüber den Urnengräbern am linken Wegesrand gehen wir nach rechts. Hinter einem Wasserhahn beginnt das Feld W II. Dreißig Schritte nach dem Abbiegen führt ein kleiner Weg nach rechts. Das vierte Grab auf der rechten Seite, etwas verdeckt durch eine mickrige Eibe. Ein schwarzer Grabstein erinnert an eine Frau, die ein »Opfer der Kirche« wurde. Die Aufklärung wird etwas später nachgereicht. Jetzt wollen wir aber erst einmal den Friedhof verlassen und unseren Zick-Zack-Kurs fortsetzen.

Wir nehmen den Weg zu dem bereits gesehenen zweiten Eingangstor und erreichen die Peter-Hille-Straße. Dort gehen wir nach links bis zur Hausnummer 66.

Der erste des Friedrichshagener Dichterkreises, der den Ort für sich »entdeckte«, war der sozialdemokratische Journalist Max Schippel (1859-1928), der mit Bruno Wille befreundet war. Schippel war lange Zeit Reichstagsabgeordneter und einer der wichtigsten Vertreter in der SPD zur Kaiserzeit, insbesondere während der Sozialistengesetze, wo er in der geheimen Parteiorganisation arbeitete. Er bezog in der heutigen Peter-Hille-Straße 66 eine Wohnung, in der ihn Bruno Wille, der den Verein »Freie Volksbühne« leitete, und Wilhelm Bölsche, er redigierte die Wochenschrift »Freie Bühne für modernes Leben«, mehrfach besuchten. Nach einer gemeinsamen Wanderung am Müggelsee beschlossen die beiden Freunde spontan, sich ebenfalls in Friedrichshagen auf Wohnungssuche zu begeben. Vor dem Umzug heirateten beide noch in Berlin. Die Eheleute Bölsche bezogen anfangs eine Wohnung in der Scharnweberstraße 73, bevor sie ein Jahr später hierher umzogen, wo Schippel wohnte. Die Freude an Friedrichshagen verlor Bölsche, als er feststellen musste, dass seine junge Ehefrau ihn mit einem weiteren Freund des Dichterkreises, Bernhard Kampffmeyer, betrog. Er verließ den Ort für ein Jahr und zog nach seiner Rückkehr in die Ahornallee 19.

Weiter geht es bis zur Peter-Hille-Straße 36. Hermann Gladenbeck (1827-1918) wuchs unter sehr bescheidenen Verhältnissen in Berlin auf. Einer der Nachbarsjungen, mit dem ihn eine Kinderfreundschaft verband, war August Borsig, dessen Vater nah dem Oranienburger Tor eine Eisenguss- und Maschinenbauanstalt gegründet hatte. Mit knapp 14 Jahren begann Gladenbeck seine Lehre erst in einer Eisen- und Zinkgießerei und danach in der Gießwerkstatt von Christoph Heinrich Fischer, einem Freund Christian Daniel Rauchs. Bei Fischer entstanden damals gerade Werke von Christian Friedrich Tieck sowie die Amazone von August Kiss. Nach eigenen Gießversuchen mit kleinen Modellen, die, da noch keine Werkstatt vorhanden war, in der Küche der Mutter stattfanden, wobei der Küchenherd zum Schmelzofen wurde, mietete Gladenbeck eine Werkstatt in der Johannisstraße 3 an, die er zur Gießerei ausbaute. Der erste wichtige Auftrag kam von Christian Daniel Rauch, der den Guss von drei verkleinerten Exemplaren seines Friedrich II. Denkmals in Auftrag gab. Von nun an ging es steil aufwärts. Um auch große Bildwerke ausführen zu können, mietet Gladenbeck das Königliche Gießhaus in der Münzstraße 10. Hier entstanden u.a. das Reiterstandbild Friedrich Wilhelm IV. von Alexander Calandrelli vor der Nationalgalerie, das Friedrich-Ludwig-Jahn-Denkmal von Reinhold Begas in der Hasenheide und der Löwenkämpfer von Albert Wolff vor dem Alten Museum.

Als das Gießhaus 1886 abgerissen werden sollte, suchte der Sechzigjährige einen neuen Firmensitz und entschied sich für Friedrichshagen. Die neue Gießerei entstand zwischen Ahornallee und der heutigen Peter-Hille-Straße 36. Hier entstanden u.a. der Neptunbrunnen von Reinhold Begas, die als »Goldelse« bekannte Viktoria-Statue der Siegessäule von Friedrich Drake und die 26 Meter hohe Kolossalstatue des nordischen Sagenhelden Fritjof, ein Geschenk Kaiser Wilhelm II. an Norwegen. Zwischenzeitlich war die Firma in eine Aktiengesellschaft umgewandelt worden. Nach anfänglichen Erfolgen am neuen Standort wurden aber die Aufträge weniger, die Entfernung zu Berlin und den dort arbeitenden Künstlern erwies sich als nachteilig. Der Erste Weltkrieg und die anschließende Inflation führten zu wirtschaftlichem Abstieg, der mit der Betriebsschließung 1926 endete. Heute werden die einstigen Werkstätten von der evangelischen Grundschule Friedrichshagen genutzt.

Von hier aus geht es durch die Straße Myliusgarten wieder zur Bölschestraße, in die wir rechts einbiegen. Der zunehmende Wohlstand des Ortes zeigt sich auch an der 1903 im Stil märkischer Backsteingotik errichteten St. Christophorus-Kirche, deren Vorgängerbau von 1800 baufällig geworden war. Die Ortschronik vermerkt gewissenhaft, dass die Turmuhr am 2. August 1915 stehen blieb, da der Schwanz eines selbstgebauten Papierdrachens sich zwischen den Zeigern verfangen hatte. Schlimmer war es 1972, als der Turm bei einem Orkan zusammenkrachte und dabei die 64-jährige Hildegard Härtel aus Friedrichshagen, deren Grab wir gerade aufsuchten, unter sich begrub. Der Schaden am Bauwerk war so groß, dass der Turm komplett abgetragen werden musste, bevor er Jahre später verkürzt und in sehr vereinfachter Form wieder aufgebaut wurde.

Nahe dem Gotteshaus trübt eine nicht gerade elegant wirkende Betonhalle, die von einer Supermarktkette genutzt wird, den Blick. Der Bau selbst, ein Relikt der DDR-Zeit, wirkt in diesem zentralen Bereich des Ortes äußerst deplaziert und hätte dem Großen Friedrich, der von seinem Sockel auf der anderen Straßenseite genau auf Kirche und Halle blickt, vermutlich gar nicht gefallen. Seit 1904 steht er mitten auf dem Marktplatz, umgeben von Marktbuden. Der Friedrichshagener Bildhauer Felix Görling, der nach 1918 künstlerischer Leiter der Bronzegießerei Gladenbeck war, schenkte der Gemeinde das von ihm geschaffene Modell, das dann bei Gladenbeck zum Selbstkostenpreis gegossen wurde. Beide Kriege überstand der König schadlos, wurde dann aber vom Sockel gestoßen und 1946 bei einer Buntmetallsammlung eingeschmolzen. 2003 kehrte Friedrich in veränderter Form auf seinen Sockel am Marktplatz zurück.

Das anfangs heftig umstrittene neue Denkmal, geschaffen von dem armenischen Bildhauer Spartak Babajan, zeigt Friedrich den Großen im Alter von 41 Jahren, als er den Bau des Kolonistendorfes für Einwanderer aus Böhmen, die wegen ihres Glaubens in ihrer Heimat verfolgt wurden, genehmigte. Dem Wunsch des Königs entsprechend sollten sie eine Seidenspinnerei aufbauen. Das Straßendorf entlang der heutigen Bölschestraße erhielt den Namen »Friedrichsgnade«, wurde aber schon nach zehn Jahren umbenannt in Friedrichshagen. Es war eine der größten friderizianischen Kolonien im Bereich seiner Residenz. Rund einhundert Baumwoll- und Seidenspinnerfamilien aus Böhmen und Sachsen fanden hier eine neue Heimat. Fünfzig Doppelhäuser für jeweils zwei Familien entstanden, die Häuser waren »48 Fuß lang, 24 Fuß tief und am Stiel 8 Fuß hoch«. Jede Familie hatte eine Stube, die auch zum Spinnen genutzt wurde, sowie eine Kammer und eine Küche. Außerdem befand sich in jeder Haushälfte, in Größe der Kammer, ein Stall für eine Kuh.

Im Mai 1753 kamen die ersten Kolonisten in Friedrichshagen an und am 17. Juni vermerkt das Taufbuch der Stadtkirche zu Cöpenick: »… in dem neuen Dorfe, so bey der alten Ziegelscheune angelegt ist, ist den 6. Juni Johann Joachim Schmedickens eines Colonisten aus dem Sächsischen gebürtig, Ehefrau Regina geb. Musculussin gleichfalls aus dem Sächsischen gebürtig mit einem jungen Sohn danieder gekommen und ist das Kind als das erste dieser Colonie getauft den 17. Juni und den Nahmen bekommen Johann Christian Wilhelm.«

Besonders ertragreich war das Spinnen und Weben nicht. Die Männer mussten, um das Überleben der Familie zu sichern, sich als Tagelöhner verdingen, Frauen und Kinder spannen zu Hause, so dass mehrfach im Klassenbuch des Lehrers der Fehlvermerk »Kein Unterricht, alle Kinder spinnen« zu finden ist. So erfüllten sich weder die Erwartungen des Königs noch die der Kolonisten. Konnten diese anfangs nur schwer ihre Familien von ihrem Handwerk ernähren, war es nach der Einführung der Maschinenspinnerei und mechanischer Webstühle gar nicht mehr möglich. Erst als es eine Bahnstation in Friedrichshagen gab, die Ausflügler und Sommergäste in die Gegend brachte, verbesserte sich nach und nach ihre Lage.

Im südlichen Teil der Bölschestraße ist noch eine große Anzahl von Häusern des 18. Jahrhunderts erhalten, einige davon sehr gut restauriert. Das letzte Strohdachhaus wurde 1897 abgerissen.

Von hier aus ist schon der hohe Schornstein der »Berliner Bürgerbräu Brauerei« zu sehen, die lange Zeit ein Wahrzeichen von Friedrichshagen war. Die Geschichte begann 1869, als der aus Weimar stammende Kaufmann Hermann Schäfer das Schulzengut erwarb, um gemeinsam mit seinem Bruder, einem Braumeister, die »Lindenbrauerei« mit Brauerei-Ausschank zu eröffnen. Das Bier fand bei den ausflugsfreudigen Berlinern großen Anklang, so dass bald eine Anlegestelle für Ausflugsdampfer eingerichtet wurde. Exotische Tiere in mehreren Käfigen am Rand des Biergartens waren eine zusätzliche Attraktion für die Gäste. 1901, inzwischen hatten die Besitzer schon mehrfach gewechselt und aus der »Lindenbrauerei« war die »Brauerei Müggelschlößchen« geworden, wurde der Betrieb vergrößert und als »Erste Deutsche Genossenschaftsbrauerei« weitergeführt. Aus ihr ging später die »Berliner Bürgerbräu Brauerei« hervor, die bis 2010 hier am Ufer der Müggelspree ihr Bier braute. Dann wurde die Marke an die Konkurrenz verkauft und die letzte eigenständige Brauerei der Stadt verlor ihre Unabhängigkeit.

Am Ende der Bölschestraße ist der Müggelseedamm erreicht. Noch ist bei Nummer 173 die Alte Schmiede gut zu erkennen. Ein Bauschild zeigt aber schon, dass die alte Fassade bald nur noch als Dekoration den Zugang zu mehreren neuen Stadtvillen bilden wird. Wir überqueren den Müggelseedamm, um auf der anderen Straßenseite der Josef-Nawrocki-Straße zu folgen. Die Straße hieß vorher Waldowstraße, und auf dem Grundstück Nummer 1 ließ sich die damalige »Nummer 1« des Ortes, Bürgermeister Wilhelm Kluth, eine stattliche Villa mit Belvedereturm direkt am Seeufer errichten. Damals wie heute strahlt die »Weiße Villa« über das Wasser. Einige Schritte weiter führt ein Weg zum Zusammenfluss von Großer Müggelsee und Müggelspree.

Für Kurgäste und Ausflügler, die von Jahr zu Jahr mehr den Müggelsee für sich eroberten, war es ein Ärgernis, dass es von Friedrichshagen aus nicht möglich war, die Müggelspree trockenen Fußes zu überqueren. So entschloss sich die Gemeinde, in Gemeinschaft mit der Stadt Cöpenick, eine dampfbetriebene Kettenfähre einzurichten, die 1895 den Betrieb aufnahm. Wie wichtig diese Entscheidung war und wie viele Menschen von der neuen Fähre Gebrauch machten, belegt ein Artikel der »Niederbarnimer Zeitung« vom 15. Juni 1905:

»Die ›Welt am Montag‹ berichtet über unglaubliche Szenen, die sich Pfingsten an der Friedrichshagener Dampffähre abspielten, und die so leider der Wirklichkeit entsprechen. Der Artikel geißelt in scharfen Worten das unverständige, teilweise sogar frivole Benehmen der Ausflügler, die ohne Rücksicht auf die Mitmenschen wie wilde Tiere auf die Fähre stürzten, noch ehe dieselbe überhaupt angelegt und die auf ihr befindlichen Passagiere absteigen konnten. Die drohenden Warnungen des Führers wurden mit Hohn beantwortet. Wir überzeugten uns, daß an der hiesigen Abfahrtstelle die beiden Gendarmen in anerkennungswertester Weise für

Eingang zum Tunnel im Müggel-Park (links), 1950

Ordnung und für regelmäßiges Besteigen der Fähre sorgten, und dadurch Dank der Umsicht der Beamten, die ihren schweren Dienst mit eiserner Ruhe versahen, Unglücksfälle diesseits vermieden wurden, während jenseits des Wassers Ohnmachtsanfälle und unfreiwillige Bäder mehrfach beobachtet wurden.«

Gänzlich entschärft wurde die Situation erst 1927 mit dem Bau eines 120 Meter langen und fünf Meter breiten Fußgängertunnels, der seither Friedrichshagen mit der Kämmererheide verbindet. Der Tunnel wurde am Ufer aus Stahlbetonteilen zusammengesetzt und dann in zwei Teilen versenkt – damals eine ganz neue Technik. Die Wandstärke beträgt 45 Zentimeter und die Tunneloberkante befindet sich vier Meter unter dem Wasserspiegel. Unweit des südlichen Tunnelausgangs befinden sich zwei beliebte Badestellen, die der Volksmund mit merkwürdigen Namen bedacht hat – »Läufer« und »Teppich«. Erstgenannter bezieht sich auf die geringe Wassertiefe, während der grüne Rasen an der anderen Badestelle für den »Teppich« steht.

Zwischen dem Tunneleingang und der Josef-Nawrocki-Straße gab es das Restaurant »Müggelschlösschen«, ein beliebter Treffpunkt der sozialdemokratischen Berliner Arbeiterjugend, die trotz Verbot nach dem Reichsvereinsgesetz von 1908 sich an den Sonn- und Feiertagen zu Massenausflügen in die Berliner Vororte verabredeten. So trafen sich hier am Pfingstsonntag 1911 »rein zufällig« dreitausend Jugendliche, die im Biergarten von Rosa Luxemburg begrüßt wurden.

Weiter führt der Weg durch die Josef-Nawrocki-Straße. Im Haus Nummer 42 lebte Albert Weidner (1871-1946), ein unermüdlicher Verleger der anarchistischen Bewegung. Gemeinsam mit seinem Freund Erich Müh-

Am »Teppich« neben dem Spreetunnel, eine beliebte Badestelle, 1970

sam gab er die Wochenzeitschrift »Der arme Teufel« heraus. Weidner hatte aus zwei Ehen zwölf Kinder, was vielleicht eine Erklärung dafür ist, dass er allein in Friedrichshagen zehn Wohnsitze hatte. Am Müggelseedamm geht es nach rechts mit Blick auf die Nummer 208. Es ist immer wieder erstaunlich, welche Qualität doch Backsteingebäude haben und was man aus einer zirka hundert Jahre alten »Drahtgeflecht-Gitter- u. Drahtzaun-Fabrik« noch machen kann.

Zwischen den Villen bietet sich häufig ein herrlicher Blick auf das Wasser des Müggelsees, und man versteht, dass diese Gegend wie ein Magnet auf Ausflügler und Villenbauer wirkte und nach wie vor wirkt. Das wusste auch Wilhelm Bölsche, der 1907 mit seiner Familie »durch besondere Fügung« in ein eigenes Haus (Müggelseedamm 254) am Wasser zog. Elf gute und produktive Jahre lebte er hier, bis er 1918 nach Schreiberhau im Riesengebirge umzog. Zuvor verabschiedet er sich von den Friedrichshagenern in der »Niederbarnimer Zeitung«: »Der Verkauf meines Hauses (…) wird bei manchen Freunden am Ort die Frage hervorrufen, ob ich nun ganz von dem mir so vertrauten und lieben Friedrichshagen zu scheiden gedenke. Ich wäre Ihnen dankbar für die Mitteilung, daß das so nicht geplant ist. Ich möchte bloß meinen Schwerpunkt mit Bibliothek, Sammlungen usw. nach meiner kleinen Besitzung in Schreiberhau verlegen, werde aber in Friedrichshagen eine einfache Wohnung für meine Beziehungen nach Berlin bewahren.«

Wenn wir dem Müggelseedamm in der eingeschlagenen Richtung weiter folgen würden, kämen wir zum Wasserwerk Friedrichshagen, das zwischen

Das 1979 stillgelegte Schöpfmaschinenhaus des Wasserwerks Friedrichshagen, 1987

Bruno Wille im Gefängnis bei einem Besuch seiner Freunde. Von links: der Gefängnis-wärter (sitzend), Adolf Bartels, Wilhelm Bölsche, Wille (hinter Gittern), Julius Hart.

1889 und 1893 am Ufer des Müggelsees entstand. Gebaut von dem eng-lischen Ingenieur Henry Gill, vervollständigte das Wasserwerk zusammen mit dem schon zuvor errichteten Tegeler Werk und der Charlottenburger Pumpstation die Wasserversorgung Berlins. Nahe dem Ufer stehen die im englischen Landhausstil erbauten Schöpfmaschinenhäuser, deren Pumpen bis 1979 mit jedem Hub fünfhundert Liter Wasser förderten – 1500 Kubik-meter in der Stunde. Heute zählen die Bauten zu den bedeutendsten tech-nik- und architekturgeschichtlichen Denkmälern der Stadt und genießen Denkmalschutz. Wo einst Berliner Trinkwasser aufbereitet wurde, befindet sich nun ein Museum, das die Berliner Wasserwirtschaft dokumentiert.

Wir gehen aber wenige Schritte zurück und wählen den Weg durch die Stienitzseestraße und biegen an deren Ende nach links in die Löcknitz-straße. Im bewährten Zick-Zack-Kurs geht es weiter: Rechts Bruno-Wil-le-Straße und dann links zur Rahnsdorfer Straße 5, auf den Spuren ei-ner wilhelminischen Posse. Der Religionsphilosoph und Lyriker Bruno Wille (1860-1928) hatte ohne behördliche Genehmigung in der Berliner Freireligiösen Gemeinde Kinder in Religion unterrichtet und auf darauf-hin verhängte Geldstrafen nicht reagiert. Ohne Gerichtsverfahren wurde er im November 1895 im Ortsgefängnis wie ein Verbrecher arretiert, was zu erheblichen Protesten auch über die Grenzen Friedrichshagens hinaus führte. Nach 36-tägiger Haft erhielt Wille Weihnachtsurlaub ohne einen Termin für die Rückmeldung. So blieb er zeitlebens ein Gefangener auf Urlaub. Diese »Schildbürgerei« verarbeitete er später mit viel Humor in dem Buch »Das Gefängnis zum Preußischen Adler«. Im Haus Nummer 5, wo man sich heute der Psychotherapie widmet, befand sich die Gaststätte »Zum Schwarzen Adler« und dahinter, im Hof, befand sich das 1982 abgerissene Gefängnis.

An der Kreuzung geht es rechts in die Scharnweberstraße, wo am Haus Nummer 77 mit Jugendstilstuck nicht gespart wurde. Bevor wir in die Breestpromenade einbiegen, achten wir auf das Haus 73, in dem sich die erste Friedrichshagener Wohnung der jung vermählten Eheleute Bölsche befand, bevor sie in die Ahornallee umzogen, wo ihre Ehe schnell in die Brüche ging.

Breestpromenade 12: Das alte Amtshaus mit seinem klassizistischen Giebel zeigt sich in gut restauriertem Zustand. Hier wird deutlich, dass mit dem Wachsen des Ortes ein größeres Rathaus für die Verwaltung absolut notwendig war. Die Straßen, durch die wir nun flanieren, weisen noch eine sehr geschlossene Bausubstanz auf und zeugen von bester Wohnqualität. Nun geht es links durch die Bruno-Wille-Straße und ebenfalls links in die reizvolle Kastanienallee, wo in Nummer 10 Wilhelm Spohr (1868-1959) lebte. Von Beruf Feinmechaniker, hatte sich Spohr der Freidenker-Bewegung angeschlossen und war zudem politisch stark engagiert. Erst war er Mitglied der Freien Volksbühne und später dann einer der Gründer der Neuen Freien Volksbühne. Bevor er nach Friedrichshagen kam, musste er in Berlin eine einjährige Freiheitsstrafe absitzen. Er war nach einer Rede zum 1. Mai 1894 wegen »Aufreizung zum Klassenhass« verurteilt worden. Ebenfalls in dem Haus wohnte Donald Wedekind (1871-1908), der jüngere Bruder des in die Literaturgeschichte eingegangenen Frank Wedekind. Der weniger erfolgreiche Bruder wird als humorvoll, aber verfolgt von Phasen tiefer Depression beschrieben. 1908 beging er Selbstmord.

Nebenan in Nummer 9 wohnten von 1893 an, das Wohnhaus war gerade fertiggestellt worden, Bruno Wille, der berühmteste Gefängnisinsasse Friedrichshagens, und seine Ehefrau Auguste in der Beletage. Am 6. Februar 1920, am Tag seines sechzigsten Geburtstages, wird die Kaiserstraße umbenannt in Bruno-Wille-Straße. Trotzdem verlässt er einige Monate später – wie zwei Jahre zuvor sein Freund Bölsche – Friedrichshagen und zieht nach Stuttgart. Anlass war wohl seine Scheidung von Auguste und die bald danach erfolgte Heirat mit Emmy Friedländer.

Im Vorübergehen fällt ein denkmalgerecht restauriertes Haus (Nr. 5) auf, dessen Baugeschichte 1875 begann und die auf einer Denkmalstele beschrieben wird. Einige Schritte weiter ist die Scharnweberstraße wieder erreicht. Nach dem Einbiegen nach rechts befindet sich nahe der Ecke, in

Nummer 59 ein Antiquariat mit einem kleinen Museum zum Friedrichshagener Dichterkreis, das sich immer über interessierte Besucher freut.

Am Ende der Straße geht es dann nach links, wo wir auf das Haus Am Goldmannpark 15 achten, da auch dort Bruno Wille einige Zeit wohnte. Es war die erste Wohnung nach seinem Zuzug aus Berlin, gemeinsam mit seiner frisch angetrauten Ehefrau Auguste. Anschließend zogen sie dann in die Kastanienallee. Dahinter, in der kleinen eingeschossigen Villa die durch ihren klassizistischen Giebel (Nr. 11) auffällt, lebte ab 1901 der Jugendstilmaler Fidus (1868-1948), der mit bürgerlichem Namen Hugo Höppener hieß. Fidus, der früh durch seine Buch-Illustrationen bekannt wurde, gehörte zum Kreis der Lebensreformbewegung und war der Theosophie und dem Okkultismus zugetan. Kurz vor seinem Umzug von Berlin nach Friedrichshagen hatte er, der bis dahin die bürgerliche Ehe strikt ablehnte, Elsa Knorr, eine Tochter aus gutem Hause, geheiratet. Mit ihr und der inzwischen geborenen Tochter Trude bezieht er die »Villa Amalia«, in der es spuken soll. Erich Mühsam berichtete in seinen »Unpolitischen Erinnerungen« über das Spukhaus: »Gleichzeitig mit mir war Fidus nach Friedrichshagen gezogen. Er hatte ein Haus gemietet, in dem es ›umgehen‹ sollte. Fidus glaubte fest an okkulte Vorgänge und sein Eifer, einen Spuk selbst zu erleben, hatte ihn veranlasst, gerade dieses Haus zu beziehen. Er wurde auch nicht enttäuscht, denn er konnte uns bald erfreut berichten, daß das Gespenst regelmäßig erscheine, und zwar in Gestalt eines Lichtscheines, der sich trotz völliger Verdunkelung des Schlafzimmers Nacht für Nacht an den Wänden entlang bewegte. Eine Halluzination könne nicht vorliegen, da auch Frau Fidus die Erscheinung bestätigte und sogar der Säugling stets mit großen Augen dem tanzenden Lichtfleck zusehe. Später kündigte Fidus aber die Spukwohnung; er begründete den Verzicht damit, daß dem Gespenst gar nichts Neues einfalle, es käme immer bloß wieder mit dem abgedroschenen, närrischen Licht.«

Jetzt habe ich viele Wohnorte der Hauptpersonen des Friedrichshagener Dichterkreises vorgestellt. Einer fehlt bisher – Peter Hille (1854-1904). Der Berliner Schutzmann Dimke erwähnt ihn in seinem Polizeibericht am 18. Oktober 1894: »Am 17. d. Mts. ist im Hotel Bremer Hof, Albrechtstraße 6, ein Schriftsteller Peter Hille aus Hamm abgestiegen und beabsichtigt, daselbst einige Zeit hier zu wohnen. Derselbe macht den Eindruck eines heruntergekommenen Menschen und dürfte, soweit es die beigefügten schriftlichen Aufzeichnungen desselben bestätigen, geisteskrank sein…«

Peter Hille war ein dauerhaft Reisender, ein Bohemien, der sein ganzes Leben lang nie eine eigene Wohnung hatte und auf jegliches Eigentum verzichtete. Er lebte überall, mal in London, mal in der Schweiz oder den Niederlanden, ständig auf Wanderschaft. Mit dabei immer sein Manuskriptsack, in dem er unzählige Papierschnipsel, Zeitungsfetzen und jede

Art von Papier verwahrte, auf dem er irgendwann Notizen oder poetische Einfälle aufgeschrieben hatte. Stefan Zweig beschrieb seinen Eindruck von Hille in seiner Biographie »Die Welt von gestern«:

»Inmitten dieser jungen Menschen, die sich bewusst als Boheme gebärdeten, saß rührend wie ein Weihnachtsmann ein alter graubärtiger Mann, von allen respektiert und geliebt, weil ein wirklicher Dichter und wirklicher Bohemien: Peter Hille. Dieser Siebzigjährige mit seinen blauen Hundeaugen blickte gutmütig und arglos in diese sonderbare Kinderschar, immer in seinen grauen Wettermantel gehüllt, der einen ganz zerfransten Anzug und sehr schmutzige Wäsche verdeckte; gern ließ er sich jedes Mal von unserem Drängen verleiten, aus einer seiner Rocktaschen ganz zerknüllte Manuskripte hervorzuholen und seine Gedichte vorzulesen. (…) Er schrieb sie in der Straßenbahn oder im Café mit Bleistift hin, vergaß sie dann und hatte Mühe, beim Vorlesen in dem verwischten und verfleckten Zettel die Worte wieder zu finden. Geld hatte er niemals, aber er kümmerte sich nicht um Geld (…) Man verstand eigentlich nicht, wann und wie dieser gute Waldmensch in die große Stadt Berlin geraten war und was er hier wollte.«

Mit Hilles Alter hatte sich Zweig allerdings etwas verschätzt, dieser war damals gerade fünfzig Jahre alt. Heute erinnert in Friedrichshagen ein Straßenname an den temporären Gast.

Die Straße Am Goldmannpark mündet nun in die Bölschestraße, nah dem S-Bahnhof. Hier schließt sich der Kreis der Friedrichshagener Entdeckungen, wobei ich noch an einen Mann erinnern möchte, der in dem etwas zurückgesetzten Haus Bölschestraße 65 lebte und der viel Gutes für die Friedrichshagener tat. Dr. Max Jacoby (1845-1912) war ein beliebter, weithin geachteter Arzt, der von 1877 bis zu seinem Tod in Friedrichshagen praktizierte und hier gemeinsam mit seiner Frau Helene wohnte. Er war Armenarzt, Schularzt und später auch Kurarzt. Er setzte sich für die kostenlosen Untersuchungen der Schulkinder ein und für die Reduzierung von Kinderarbeit, die damals noch üblich war. Er befürwortete das Freibadwesen, was zur Eröffnung des Strandbades Müggelsee führte, und begründete die Sanitätskolonne der Freiwilligen Feuerwehr Friedrichshagen. Als Jacoby 1912 starb, begleiteten mehrere tausend Menschen den Sarg vom Trauerhaus zum Friedhof. Im Trauerhaus sprachen der Rabbiner Frank aus Cöpenick, der evangelische Pastor Krackow und der Dichter und Freidenker Bruno Wille.

1913 wurde im Kurpark ein bei Gladenbeck gegossenes Denkmal aufgestellt, das Jacobys Kopf zeigte. »… das erzene Antlitz verschmilzt die humorvolle Schelmerei Eulenspiegels mit der Güte und Seelenruhe jenes weisen Nathan, der von den drei Ringen erzählt«, schrieb Bruno Wille. 1934 ließen die Nationalsozialisten das Denkmal entfernen.

Schöneberg

Zwei Dörfer auf dem »schönen Berg«
Ein Stück vom Alex, ein blaues Band und Kult am Grab

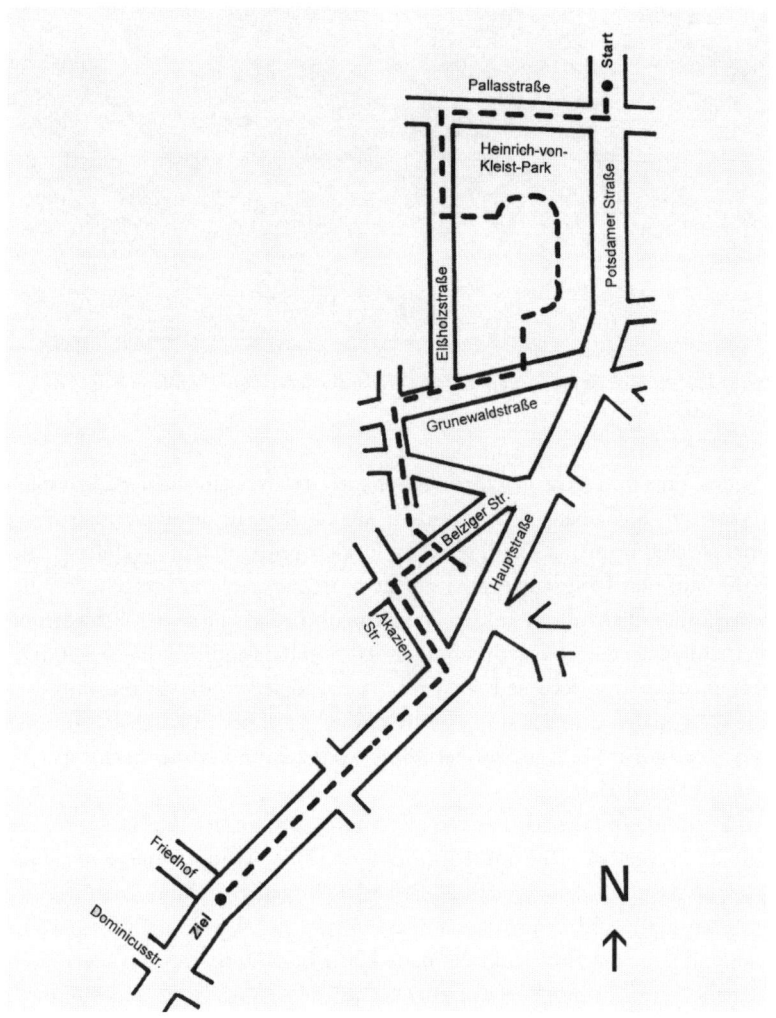

*Sechs-Tage-Rennen im Sportpalast. Dieter Gieseler bei der Ablösung mit Rudi Altig (re.),
12. Januar 1962*

»Sechs Tage und sechs Nächte lang schauen die dreizehn Fahrer nicht nach
rechts und nicht nach links, sondern nur nach vorn, sie streben vorwärts,
aber sie sind immer auf dem gleichen Fleck, immer in dem Oval der Renn-
bahn, auf den Längsseiten oder auf den fast senkrecht aufsteigenden Kur-
ven, unheimlich übereinander, manchmal an der Spitze des Schwarmes,
manchmal an der Queue und manchmal – und dann brüllt das Publikum:
›Hipp, hipp‹ (…) während sie Strecken zurücklegen, die ebenso lang wie
die Diagonalen Europas sind.« So beschrieb Egon Erwin Kisch 1924, unter
der Überschrift »Elliptische Tretmühle«, das zehnte Berliner Sechstageren-
nen im Sportpalast.

In nur einem Jahr Bauzeit war der Sportpalast an der Potsdamer Straße
am 17. November 1910 mit der großen Eis-Ausstattungsrevue »Am Nord-
pol« eröffnet worden. Zweihundert Eislaufkünstler drehten dabei auf der
größten Halleneisbahn Europas ihre Pirouetten. Obwohl die Presse wohl-
wollend über die Show und die neue Halle berichtete, war der Start doch
eher holperig. Es gab viel Konkurrenz auf dem Sport- und Vergnügungs-
sektor, und das Publikum war entsprechend verwöhnt. So stand bereits
wenige Monate nach der Eröffnung der Betreiber der Halle vor der Pleite.
Es folgten daraufhin mehrfache Besitzer- und Namenswechsel. Mal hieß
die Halle »Hippodrom-Palast«, danach »ODEON-Vergnügungspalast« und
dann doch wieder Sportpalast. Nach einer Zwangsversteigerung 1934 er-

»Krücke« (Reinhold Habisch) pfeift den Sportpalast-Walzer
12. Januar 1962

warb die »Eidgenössische Versicherungs-AG«, mit Hauptsitz in Zürich, den
Bau und behielt ihn bis 1961.

Im November 1943 wird der Sportpalast erstmals von Bomben getrof-
fen, was zur Einstellung des Betriebs führte. Nach Kriegsende musste die
Halle abgerissen werden und der Not gehorchend entstand vorübergehend
eine Freiluftarena, die aber dann wieder ein Dach erhielt. Seit 1951 war
Georg Kraeft Direktor des Sportpalasts. Als er 1972 an den Folgen eines
Autounfalls verstarb, bedeutete das auch das Ende für den Traditionsbau.
Stadtpolitiker und Baulöwen kungelten in bemerkenswerter Eintracht den
Abriss herbei und schlossen das Haus im März 1973. Die Klingbeil-Grup-
pe beauftragte anschließend den Architekten Jürgen Sawade mit dem Bau
einer überdimensionierten, menschenfeindlichen Wohnanlage, für die der
Berliner schnell den treffenden Namen »Sozialpalast« fand. 514 Wohnungen befinden sich in dem Riesenbau, die von nahezu zweitausend Personen
bewohnt werden. Etwas versteckt, im Schatten der Brandmauer des Nach-
barhauses, erinnert heute eine Bronzetafel an den abgerissenen Sportpalast.

Unser Weg auf den »schönen Berg« beginnt an der Kreuzung der Potsdamer Straße mit der Pallasstraße. Schon wenn der Name Potsdamer Straße fällt, entstehen in den Köpfen vieler die unterschiedlichsten Bilder.
Sündige Meile, Prostitution, Hässlichkeit, Verbrechen, quirliges Leben,
Ausländer, Sportpalast, »Struppe & Winkler« (»Struppi«), »Der Tagesspie-

gel« und nicht zu vergessen, Teil des wichtigen Handelsweges, der ehemaligen Reichsstraße 1, von Aachen nach Königsberg. Die heutige Realität sieht anders aus. Sportpalast, Struppe & Winkler und Tagesspiegel gibt es hier nicht mehr. Der einstige »Sumpf« aus Verbrechen und Prostitution ist seit den späten siebziger Jahren weitgehend trockengelegt und nur noch in der Literatur zu finden. Und was den Ost-West-Handelsweg Reichsstraße 1 betrifft, mit diesem Mythos haben Sibylle Nägele und Joy Markert in ihrem Buch über die Potsdamer Straße aufgeräumt, wenn sie daran erinnern, das der Handelsweg im Mittelalter von Aachen nach Magdeburg und nicht nach Berlin führte. Auch reiste man nach Berlin/Cölln nicht über Potsdam, sondern wegen der besseren Befahrbarkeit der Straßen und Wege über Spandau. Erst die Nazis erfanden die historische Wichtigkeit und machten mit der neuen Reichsstraßenordnung die Verbindung von Potsdam über Berlin nach Küstrin zu einem Teil der Reichsstraße 1.

Wir biegen rechts in die Pallasstraße ein und gehen in Richtung der Straßenüberbauung. Der Hochbunker auf der linken Seite entstand ab 1943 für die Angestellten des kriegswichtigen Fernmeldeamts 1 in der Winterfeldtstraße. Er wurde gebaut von sowjetischen Zwangsarbeiterinnen und Zwangsarbeitern, die während der Bauzeit nebenan im Schulgebäude interniert waren. Der Bunker blieb aber über das Kriegsende hinweg ein unfertiger Rohbau, dem erst später das Dach aufgesetzt wurde. 1986 diente das Innere des Schutzraumes als Kulisse für Wim Wenders preisgekrönten Film »Himmel über Berlin«. In der hier gedrehten acht Minuten dauernden Szene trat Peter Falk alias »Colombo«, bekannt aus der gleichnamigen US-Fernsehserie, als Gastschauspieler auf. Danach, bis 1989 erfolgte der Bunkerausbau zum atomsicheren Schutzraum für 4800 Menschen. Wer allerdings schon einmal im Inneren war, hat erhebliche Zweifel an der Sicherheit, was nun aber auch egal ist, da die Bedrohung aus dem Osten nicht mehr existiert.

Ein Foto aus dem Heimatmuseum Schöneberg, das die vom Krieg zerstörte Potsdamer Straße zeigt, diente dem Künstler Sigurd Wendland 1983 als Vorlage für sein Wandbild, das an die Unmenschlichkeit von Kriegen erinnern will. Im Sommer verschwindet sein Bild seit einigen Jahren mehr und mehr unter kräftig rankendem Efeu.

Als ein »Ort der Erinnerung« entstand 2009 ein »Blaues Band« oder besser gesagt eine schmale, blau gestrichene Mauer aus Metall. Sie soll die ehemalige Lagerbegrenzung für die sogenannten »Ostarbeiter« zwischen der Bunkerbaustelle und dem Internierungslager in der damaligen Augusta-Schule symbolisieren. Die blaue Farbe entspricht der Farbe des stigmatisierenden »Ost«-Aufnähers, den die Zwangsarbeiter deutlich sichtbar an ihrer Kleidung tragen mussten. An der abgerundeten Oberseite der Mauer sind Gedanken, die Schüler zum Bunker geäußert haben, eingraviert: »Da

Bunker in der Pallasstraße, 1949

will ich mal rein«, »Wer hat den Bunker gebaut?«, »Ich habe gedacht, dass
es eine Fabrik wäre«, »Ich habe gedacht der Bunker gehört zum Hochhaus«, »Ich habe gedacht, das da drinnen alles ganz schön gemacht wäre,
weil früher Hitler drin war«, »Ich habe gedacht, das er für die Reichen ist,
deshalb ist er so klein«, »Warum brauchen wir hier einen Atombunker?«

Dem »Blauen Band« folgend ist bald die heutige Sophie-Scholl-Oberschu-
le erreicht. Sie wurde 1916 als Königliche Augusta-Schule für Mädchen eingeweiht. Bevor 1943 sowjetische Zwangsarbeiterinnen und Zwangsarbeiter
interniert wurden, hatte man die Schülerinnen mit ihren Lehrerinnen wegen des Bombenkrieges in die Lausitz evakuiert.

Hinter der Schule geht es links in die Elßholzstraße, wo vor dem Kam-
mergerichtsgebäude durch ein Gittertor der Heinrich-von-Kleist-Park betreten wird. Das Areal zwischen Pallasstraße, Elßholzstraße, Grunewald-
straße und Potsdamer Straße, das wir gerade betreten haben, diente nach
Ende des Dreißigjährigen Krieges als Hof- und Küchengarten. Es war der
Große Kurfürst Friedrich Wilhelm, der den Hofbotaniker Elßholz mit der
Anlage beauftragte, um mit Gärten dieser Art die Versorgung der Bevölkerung mit Obst und Gemüse zu verbessern. Sein Amtsnachfolger, König
Friedrich I., ließ die Fläche in einen Lustgarten umgestalten und mehrere
Gewächshäuser und Orangerien errichten. Nach seinem Tod übernahm
Friedrich Wilhelm I. die Amtsgeschäfte und stimmte der Anlage eines Bo-
tanischen Gartens zu, den der Leibarzt Gundelsheimer begründete und
der ab 1801 durch Karl Ludwig Willdenow angelegt wurde.

1819 bekam Adelbert von Chamisso, der sich neben der Dichtkunst botanischen Studien widmete, Anstellung als Kustos. Sein umfangreiches Wissen als Naturforscher hatte er auf einer drei Jahre dauernden Weltreise erworben. In seiner Zeit als Kustos entwickelte sich der Botanische Garten in Schöneberg zu einer wichtigen Forschungsstätte des 19. Jahrhunderts. Da Chamisso ein begeisterter Wanderer war, bewältigte er den Weg von seiner Wohnung in der Friedrichstraße 235 bis zum Botanischen Garten und nach Feierabend wieder zurück stets zu Fuß.

Wir umrunden im Uhrzeigersinn die eingezäunte Mittelfläche. Als die Bebauung um 1900 in Schöneberg immer dichter wurde, fehlte bald die für Pflanzen so notwendige Luftzirkulation. Auch gab es bereits seit einigen Jahren Probleme mit der Qualität des Grundwassers. So zog der Botanische Garten zwischen 1907 und 1910 nach Dahlem um, wo mehr Platz und bessere Luft gewährleistet war. Aus dem großen Pflanzenhaus, das einst Karl Friedrich Schinkel entworfen hatte, wurde ein Weinrestaurant und das einstige Gartenareal wurde umfunktioniert zum Sport- und Freizeitpark mit Radrennbahn, Tennisplätzen und einen »scating ring«, einer Modeerscheinung, die gerade von Amerika nach Europa schwappte. Rollschuhläufer drehten in einer großen Halle ihre Kreise nach den flotten Klängen einer Tanzkapelle.

Nah dem Weg ist links eines der frühen Hochhäuser zu sehen, das im Stil der Neuen Sachlichkeit in Berlin entstand. Nach Entwurf von Bruno Paul wurde es als Verwaltungsgebäude der Firma Kathreiner zwischen 1929 und 1930 gebaut. Die Fassade aus hellem Travertinstein strahlt auch achtzig Jahre später noch schlichte Sachlichkeit und gediegene Eleganz aus.

Als die Firma Wertheim 1910 an der damaligen Königstraße, nah dem Bahnhof Alexanderplatz, ein weiteres Kaufhaus errichten ließ, waren die Kolonnaden an der Königsbrücke dem Neubau im Wege. So übernahm Wertheim die Kosten für den Abbau und Transport zur Potsdamer Straße, wo sie dann neu aufgebaut wurden. Die Kolonnaden, die zu Berlins bedeutendsten Bauten der Übergangszeit vom Rokoko zum Klassizismus zählen, hatte Carl von Gontard 1780 fertiggestellt. Nach ihrem Wiederaufbau bildeten sie einige Jahre den Zugang zum Sport- und Vergnügungspark und wirkten in dem Zusammenhang doch etwas deplaziert. Würdiger wurde das Umfeld der Kolonnaden erst mit dem Neubau des Kammergerichtsgebäudes. Als Franz Hessel in den zwanziger Jahren durch Schöneberg flanierte und dabei die Kolonnaden betrachtete, fand er, dass sie hier am Ort »noch nicht ganz zu Hause« sind, noch »nicht so ins Stadtgefüge« passten. Dann aber entdeckte er »unter den Statuen ein rundliches Nymphenmädchen, das bei all seiner Rokoko-Antike im Ausdruck etwas von einer Berliner ›Nutte‹ hat«, sich also doch schon in das Gefüge der Potsdamer Straße eingepasst hatte.

Kleistpark. Großes Palmenhaus des Botanischen Gartens, erbaut 1885

Das Kammergericht hatte bis 1913 seinen Sitz im Collegienhaus in der Kreuzberger Lindenstraße. Der bekannteste Gerichtsreferendar war dort im Jahre 1798 E.T.A. Hoffmann. Seine Fähigkeiten als Karikaturist, die er gerne an seinen Vorgesetzten erprobte, verkürzte seine juristische Karriere in Berlin, da er schon bald nach Polen strafversetzt wurde. Das wachsende Berlin führte zu mehr »Fällen«, die ein größeres Gerichtsgebäude erforderlich machten. So entstand nach Entwurf der Architekten Thoemer, Mönnich und Fasquel zwischen 1909 und 1913 der Schöneberger Ersatzbau. Die verbliebene Fläche, zwischen Gericht und den Kolonnaden, wurde anschließend als Parkanlage gestaltet.

Nach dem missglückten Attentat auf Hitler vom 20. Juli 1944 fanden hier die menschenverachtenden »Schauprozesse« des »Volksgerichtshofes« statt. Als der Krieg dann vorbei war, diente der Bau als Sitz des Kontrollrats der Alliierten. Außerdem war noch die alliierte Luftsicherheitszentrale untergebracht, die den Luftraum über Berlin kontrollierte. Das Kammergericht musste deshalb in die Hardenbergstraße ausweichen und konnte erst nach der Wiedervereinigung an seinen ursprünglichen Ort zurückkehren.

Die Ecke zur Grunewaldstraße wird beherrscht durch einen Bau aus den späten dreißiger Jahren. Hier hatte die Hauptvereinigung der »Deutschen Milch- und Fettwirtschaft« sowie die Oberste Bauleitung der Reichsautobahnen bis Kriegsende ihren Sitz. Ab 1945 nutzten die Berliner Verkehrsbetriebe (BVG) das Gebäude. 2008 verlegten sie ihren Hauptsitz an das Spreeufer im Bezirk Mitte.

Am Hauptweg wieder angekommen, beenden wir die Umrundung der Mittelfläche und stehen vor einem der zwei Rossebändiger, die 1842 Zar

Nikolaus I. als Geschenk an seinen Schwager Friedrich Wilhelm IV. nach Berlin mitbrachte und die bis 1945 die Terrasse des Berliner Schlosses schmückten. Am Hauptweg geht es nach links, wo wir wenig später auf der Grunewaldstraße stehen.

Auf der anderen Straßenseite ist eine interessante Mischung aus alten Gewerbegebäuden und Neubauten zu sehen. In dem roten Fabrikgebäude befand sich die »Graphische Kunstanstalt Meisenbach-Riffarth & Co. Berlin-Schöneberg«. Georg Meisenbach ist der Erfinder des Rasterdrucks und machte mit seiner Entwicklung der Autotypie den Druck von Fotos in Zeitschriften möglich. Das erste gerasterte Foto erschien 1883 in der »Leipziger Illustrirten Zeitung« und machte seine Firma mit Niederlassungen in München und Leipzig zur europaweit bedeutendsten graphischen Kunstanstalt. Auch heute sind hier innovative graphische Betriebe zu finden.

Das Haus Grunewaldstraße 6-7, in dem sich jetzt die Leo-Kerstenberg-Musikschule und die Schöneberger kommunale Galerie »Haus am Kleistpark« befinden, ist der letzte Gebäudeteil, der an den Botanischen Garten erinnert. Das Haus entstand als Königlich Botanisches Museum. Hier befand sich das Herbarium, die einstige Wirkungsstätte Chamissos. Im Januar 1944 zerstörte eine Bombe große Teile des Gebäudes, die auch später nicht mehr aufgebaut wurden. Einige alte Eiben, sie sind als Naturdenkmal gekennzeichnet, stammen noch aus der Zeit des Botanischen Gartens.

Von der Grunewaldstraße geht es nach links in die Gleditschstraße. Das letzte Stück wirkt wie ein Blinddarm, der eigentlich nicht mehr benötigt wird. Der Bebauungsplan von 1904 sah damals vor, die Straße bis zum heutigen Kaiser-Wilhelm-Platz weiterzuführen. Die Pläne wurden allerdings nie verwirklicht. Durch die kleine Grünanlage mit großem Spielplatz geht es zur Belziger Straße, wo auf der gegenüberliegenden Straßenseite ein Backsteingebäude mit einem hohen Schornstein auffällt. Schauen wir uns das Grundstück und die verschiedenen Bauten vom Parkplatz des Supermarkts etwas genauer an. Hier befand sich eine private Kur- und Badeanstalt, die der Arzt Dr. Eduard Levinstein 1861 eröffnet hatte und aus der zwei Jahre später das Maison de Santé, eine »Irrenanstalt« für Nerven- und Gemütskranke, hervorging.

Zum diesem »Haus der Gesundheit« gehörten die noch erhaltenen Häuser Hauptstraße 14-16, deren Rückseiten wir hier sehen. Das Grundstück erstreckte sich einst über die erst 1952 durchgeführte Belziger Straße bis zur Gleditschstraße. Das Gebäude der Kindertagesstätte in der Grünanlage war die ehemalige Herrenbeobachtungsstation. Die ebenfalls noch erhaltene Damenbeobachtungsstation ist gut von der Auffahrt zwischen den Gebäuden Nr. 5 und 7 zu sehen. Vom Parkplatz des Supermarktes zeigt sich links der Wirtschaftstrakt mit Maschinenhaus, Wasserturm und hohem Schornstein. Der Eingang zur einstigen Anstaltskapelle ragt etwas

Maison de Santé, Hauptstraße 14, vor 1909

in den Hof hinein. Hinter einem später errichteten Flachbau ist noch der Chor der Kapelle zu entdecken. Auf der rechten Hofseite, im Schatten der angrenzenden Brandmauern, war die ehemalige Frauen-Kommunal-Station untergebracht. Angrenzend ein kleines Backsteinhaus, das als Pferdestall, Totenkammer und Wohngebäude des Hausmeisters genutzt wurde.

1896 wird Johann Wilhelm von Carstenn, einer der bedeutendsten Städtebauer und größten Spekulanten der Gründerzeit, als Patient aufgenommen. Als er dreißig Jahre zuvor von Hamburg nach Berlin kam, hatte er große Pläne im Kopf, noch keinen Adelstitel, aber zwei Millionen Taler auf dem Konto. Nun hatte sich sein Geist verfinstert und sein Vermögen war auf einen kümmerlichen Rest geschmolzen. 1871 hatte er dem Militärfiskus 93 Morgen Land für die Verlegung der Kadettenanstalt von Berlin nach Lichterfelde geschenkt, was für sein Lichterfelde Prestige und für den Gönner den Adelstitel einbrachte. Carstenn hatte neben der Schenkung noch eine Reihe von Verpflichtungen übernommen, die er offenbar nicht richtig eingeschätzt hatte und die letztlich zum Ruin führten. Endlose Prozesse und Spott der Neider machten ihn krank. Depressionen und Verfolgungswahn zwangen ihn zum Aufenthalt im Maison de Santé, wo er nach wenigen Monaten verstarb.

Zu den prominenten Patienten gehörte neben Carstenn auch Georg Büchmann, der Herausgeber der »Geflügelten Worte« (1864). Sein »Zitatenschatz« hat bis heute weit über hundert Auflagen erreicht. Auch der Sozialist und Reichstagsabgeordnete Wilhelm Hasenclever, der Mitherausgeber des »Vorwärts«, war die letzten zwei Jahre seines Lebens hier interniert.

1914 wurde das Maison de Santé umbenannt in »Heil- und Pflegeanstalt Schöneberg«, da im Jahr des Kriegsausbruchs nichts an den »Erzfeind« Frankreich erinnern sollte. Fünf Jahre später ging die Anstalt pleite und das Grundstück fiel an die Stadt Schöneberg.

Durch die Akazienstraße, die sich in den letzten Jahren sehr zu ihrem Vorteil verändert hat, erreichen wir den Kaiser-Wilhelm-Platz. Eine große Anzahl an Einzelhandelsgeschäften, Restaurants und Cafés bilden eine gute Melange und laden zum Verweilen ein. Das »Café Bilderbuch« ist mittlerweile eine Institution und lockt tagsüber das Publikum mit Kaffee und leckerem Kuchen und abends mit unterschiedlichsten Veranstaltungen.

Freunde des gepflegten Bieres sollten die Akazienstraße 2, die mit dem Schriftzug »Felsenkeller« auf sich aufmerksam macht, nicht übersehen. Erscheint das Lokal von außen auch unscheinbar, so wartet hinter der Milchglastür eine Überraschung. Der schlauchartige Raum, zwanzig Meter lang und bis zu über vier Meter hoch, wird dominiert von einem langen Tresen, an dem die Stammgäste auf Barhockern sitzen. Die Kneipeneinrichtung stammt komplett aus den zwanziger Jahren. Es gibt zahlreiche Biersorten vom Fass, und eine übersichtliche Speisekarte offeriert Eintöpfe, Weißwurst mit Brezel oder Knacker mit Kartoffelsalat, alles grundsolide und stets frisch. Günter Döring betreibt den »Felsenkeller« gemeinsam mit seiner Frau Michaela Friedrich seit vielen Jahren. Hier stimmt noch die »Thekenmischung« – Nachbarn aus dem Kiez und dazwischen einige Ortsfremde, Künstler und »ab und an mal 'nen Promi«. Zu ihnen zählt der Maler Markus Lüpertz, der Sänger Max Raabe, der Schauspieler Daniel Brühl oder der Filmkulissendesigner einiger James-Bond-Filme Ken Adams. Die Einrichtung des Hinterzimmers hat das Wirtsehepaar von ihrem Vorgänger übernommen, sie stammt aus einer aufgegebenen Kneipe in Mitte. Am kleinsten Tisch des Raumes soll ein Teil des Pulitzerpreisgekrönten Romans »Middlesex« des US-Amerikaners Jeffrey Eugenides bei einigen gut gezapften Bieren geschrieben worden sein.

Biegen wir nach links in die Hauptstraße ein, gelangen wir zur Frontseite des einstigen Maison de Santé (Nr. 14-16). Bevor hier Eduard Levinstein seine Kur- und Heilanstalt eröffnete, befand sich in dem Haus der »Schwarze Adler«, der älteste Gasthof von Neu-Schöneberg. Er existierte bis 1835, dann setzte sich der Wirt zur Ruhe. Sein Nachfolger war Karl Giehrach, ein ehemaliger Student der Rechte, der sein Restaurant »Zum Helm« nannte. Die Gäste lobten seine Speisen und Getränke; ansonsten wurde ihm nachgesagt, dass er missliebige Gäste bis zur Grobheit traktiert haben soll. Als seine Tochter dann den Arzt Dr. Eduard Levinstein heiratete, wurde aus der Gastwirtschaft die Heilanstalt.

Die Geschichte dieses Teiles von Schöneberg begann im Jahr 1751, als auf Ordre Friedrichs des Großen zwanzig böhmische Familien, zumeist

Weber, auf einem kahlen Sandberg angesiedelt wurden. Als zehn Jahre später den Kolonisten die Schankgerechtigkeit verliehen wurde, eigentlich nur für ihre eigenen Bedürfnisse, nutzten die Siedler die Situation aus und gaben ihr Bier auch an Fremde aus. So existierten in dem kleinen Kolonistendorf, das wegen der guten Aussicht auch »Montebello Nuovo« genannt wurde, bald mehrere Gaststätten. Es scheint, dass die Schankwirtschaft mehr einbrachte als die Landwirtschaft, da bereits Anfang des 19. Jahrhunderts die Anzahl der Sitzplätze in den Biergärten und Schankstuben erheblich höher war als die Gesamteinwohnerschaft von Neu- und Alt-Schöneberg zusammen.

In der Nachbarschaft der Heilanstalt befand sich der Landsitz des preußischen Ministers Freiherr Stein zum Altenstein. Dieser hatte sich in seinem Garten einen Aussichtsturm aus Holz, mit freier Sicht auf das Tempelhofer Feld, erbauen lassen, um die jährlich stattfindende Militärparade verfolgen zu können.

Nun geht es wieder zurück, über den Kaiser-Wilhelm-Platz hinweg die Hauptstraße entlang, nach Alt-Schöneberg.

Heinrich Seidel, der Sohn eines Pfarrers, arbeitete sich ohne Schulabschluss vom Schlosserlehrling bis zum Ingenieur empor. Nach seinem Eintritt in die Berlin-Anhaltische-Eisenbahngesellschaft beginnt er ab 1872, seine bekannten Entwürfe für Eisenbahnbauten zu realisieren. Dazu gehört die Überbrückung der Yorckstraße und des Landwehrkanals sowie das von ihm konstruierte eiserne Hallendach des Anhalter Bahnhofs – sein Hauptwerk. Diese kühne Konstruktion war mit einer Spannweite von 62,5 Metern immerhin breiter als die Straße Unter den Linden. Im Jahr der Fertigstellung hängte Seidel, im Alter von 38 Jahren, seine Ingenieur-Karriere an den Nagel, um nun ausschließlich als freier Schriftsteller zu arbeiten. Nach erheblichen Anfangsschwierigkeiten feiert er seinen größten Erfolg zehn Jahre später mit dem Roman »Leberecht Hühnchen«, in dem er humorvoll das Leben eines typischen Kleinbürgers der Gründerzeit beschreibt. Seidel berichtet darin auch über ein Restaurant in der heutigen Hauptstraße 25-26, zu dem ein riesiger Biergarten gehörte und das ebenfalls »Schwarzer Adler« hieß, nachdem die erste Gaststätte dieses Namens nicht mehr existierte. Der Name war offenbar so etwas wie ein Wanderpokal, da sich später noch zwei weitere Restaurationsbetriebe in Neu-Schöneberg mit diesem Namen schmückten.

In diesem zweiten »Schwarzen Adler« begann auch die Karriere von David Kalisch. In Breslau als Sohn jüdischer Eltern geboren, musste er das Gymnasium verlassen, da seine Eltern das Schulgeld nicht mehr aufbringen konnten. So absolvierte er eine Kaufmannslehre und fand anschließend Anstellung als Buchhalter in Straßburg, wo er neben der täglichen Arbeit auch Theaterstücke schrieb. 1846 kam er nach Berlin, und es gelang ihm, hintereinander mehrere Schwänke und Possen auf die Schöneberger Bühnenbretter zu bringen. Diese fanden beim Publikum so viel Beifall, dass er den erlernten Beruf aufgab, um sich fortan nur noch schreibend zu betätigen. 1848, im Jahr der Revolution, gründete er die politisch-satirische Zeitschrift »Kladderadatsch«, die ihm mehrfach Ärger mit der Staatsmacht eintrug. Der zweite »Schwarze Adler« existierte bis 1893. Dann wurde das Grundstück mit Restaurant, Volkstheater und Biergarten, der bis zu achttausend Gäste aufnehmen konnte, verkauft und anschließend mit dreißig Mietskasernen bebaut.

An der Ampel hinter der Eisenacher Straße, nach links geschaut, ist der 78 Meter hohe Schöneberger Gasometer zu sehen – oder besser gesagt sein Stahlgerüst. Alfred Messel entwarf das Bauwerk, das 1908 in Betrieb ging. Mit seinem Fassungsvermögen von 160 Kubikmetern gehörte er damals zu den größten Gasbehältern auf dem Kontinent. Genutzt wurde der Speicher bis in die frühen neunziger Jahre. Dann wurde sein Innenleben verschrottet, das Gerüst aber blieb und steht unter Denkmalschutz. Da sich heute »alles rechnen« muss, dient das Stahlskelett als Träger einer riesigen, in den Abendstunden leuchtenden Werbefläche. Auch die Aussicht wurde verpachtet. Für den stattlichen Preis von 35,95 Euro geht es per Muskelkraft 456 Stufen steil nach oben, wo die Kletterer mit einer weiten Sicht belohnt werden.

An der Ampel überqueren wir die eine Hälfte der Hauptstraße, um nun auf dem grünen Mittelstreifen unseren Weg fortzusetzen. Heute ist von der einstigen Dorfaue nicht mehr viel zu erkennen. Die stark befahrene Straße heißt nicht grundlos Hauptstraße, Verkehrslärm und Abgase laden nicht zum Verweilen ein. Hier, nah der Dorfkirche und dem angrenzenden Friedhof, ist die eigentliche Keimzelle Schönebergs. Die Bauern, deren Gehöfte einst die Aue umgaben, erhielten 1770 ihre Ländereien als erbliches Eigentum und waren somit die ersten unabhängigen Bauern in Preußen. Aus dem Dorf entwickelte sich im 19. Jahrhundert die kreisfreie Stadt Schöneberg, die später, wie andere Städte, Dörfer und Landgemeinden, von der Hauptstadt des Deutschen Reiches »geschluckt« wurde und in »Groß Berlin« aufging.

Zu beiden Seiten der Straße fallen einige repräsentative Stadtvillen auf. Sie gehörten den Schöneberger »Millionenbauern«, die ihre Felder mit großem Geschick verkauften, als Berlin sich immer mehr ausdehnte und Spekulanten ihnen traumhafte Summen für ihr Ackerland boten. Bald entstanden dann Straßen, Eisenbahnlinien, und natürlich Mietshäuser für die ständig wachsende Bevölkerung. Der plötzliche Reichtum veränderte das einstige Dorf völlig. Die Landwirte gaben zumeist ihren Beruf auf und ließen sich an Stelle der Bauernhäuser nun stolze Villen errichten. 1889 wurde das letzte Fachwerkhaus abgerissen.

Bau des Schöneberger Gasometers in der Torgauer Straße, Dezember 1950

Für Schlagzeilen sorgte Schöneberg am 30. September 1810. Gegen 22
Uhr stand die Scheune des Dorfschulzen lichterloh in Flammen. Das Feuer griff schnell auf die benachbarten Bauernhäuser über und bald brann-
ten zwölf Gebäude. Obwohl alle Nachbarn und auch vorbeikommende
Fremde halfen, waren die Feuer erst am nächsten Morgen gelöscht. Wie
sich dann herausstellte, waren die Feuer bewusst gelegt worden. Ziel der
Brandstifter war es, getarnt als vermeintliche Helfer bei den Löscharbeiten
dabei zu sein, um die allgemeine Panik für gezielte Diebstähle zu nutzen.

Bereits seit einigen Jahren terrorisierte eine Mordbrennerbande die Dörfer der Mark Brandenburg. Zwei Wochen zuvor war Steglitz betroffen,
und nach jedem Brand fehlten den vom Feuer betroffenen Bauern Geld
und Wertsachen.

Am Nachmittag nach der Schöneberger Brandnacht wurde ein stark an-
getrunkener Mann von der Polizei aufgegriffen. Bei seiner Durchsuchung

auf der Polizeistation wurde eine wertvolle Taschenuhr entdeckt, die, wie sich herausstellte, bei der Steglitzer Brandstiftung gestohlen wurde. Im Verhör verwickelte sich der Mann, der keine Papiere mit sich führte, in Widersprüche. Er nannte sich Nölling und gab in seiner Vernehmung zu, die Uhr gestohlen zu haben, bestritt aber jede Beteiligung an der Brandstiftung. Nach einigen Tagen im Kerker der Stadtvoigtei gestand er Mitglied der Mordbrennerbande zu sein. Weitere Nachforschungen der Polizei führten bald darauf zu weiteren Festnahmen von Bandenmitgliedern. Deren Aussagen ergaben, dass dieser Nölling in Wirklichkeit Johann Peter Horst hieß und, gemeinsam mit der neunzehnjährigen Friederike Christiane Delitz, Anführer der Mordbrennerbande war, die Angst und Schrecken in den Dörfern verbreitet hatte.

Im Prozess, der sich über zweieinhalb Jahre hinzog, wurden der Bande 48 Brandstiftungen nachgewiesen. Zehn Bauern hatten dabei ihr Leben in den Flammen verloren. Der Sachschaden betrug insgesamt 300 000 Taler, wobei die Beute der Täter bei nur rund eintausend Talern lag. Im August 1812 wurden Johann Peter Horst und seine Komplizin Friederike Christiane Delitz vom Gericht für schuldig befunden und beide zum »Tod durch Verbrennen« verurteilt. Am 28. Mai 1813 wurde das Urteil vor den Augen einer schaulustigen Menschenmenge in der Jungfernheide vollstreckt. Es war die letzte Verbrennung in Preußen.

In der ockergelben Villa auf der rechten Seite befindet sich das Jugendmuseum Schöneberg, vermutlich eines der interessantesten deutschen Museen für Kinder und Jugendliche. »Wunderkisten – Wunderkammern« ist der Titel der Ausstellung, die im besten Sinne eine »wilde Mischung« darstellt. Alltägliche und ungewöhnliche Dinge aus den unterschiedlichen Epochen sind hier aufzustöbern wie in einem Raritätenkabinett. Vom ausgestopften Eichhörnchen bis zur Horrormaske, vom Zinnsoldaten bis zur Barbiepuppe erfreut die Ausstellung Kinder und Eltern gleichermaßen.

Gegenüber dem Jugendmuseum hat sich das Stadtbild in den letzten hundert Jahren extrem verändert. Da, wo sich heute ein Supermarkt mit Parkplatz breit gemacht hat, stand einst das Schöneberger Jagdschloss, das der Maurermeister Karl Friedrich Zelter für den Hofbaurat Isaac Daniel Itzig errichtete, der 1786 das Freigut erworben hatte. Zelter bildete sich neben seiner Bautätigkeit musikalisch aus und spielte im Orchester des Döbbelinschen Theaters. Danach war er Mitglied des Singvereins seines Lehrers Karl Fasch und widmete sich fortan nur noch der Musik. Zu seinen späteren Schülern gehörten Felix Mendelssohn Bartholdy, Otto Nicolai und Giacomo Meyerbeer. Dieser gelernte Maurer erreichte ein Höchstmaß an Popularität und war zu seiner Zeit das unbestrittene Oberhaupt des musikalischen Berlins. Unter seiner Leitung wurde neben dem Kastanienwäldchen, (heute hinter Schinkels Neuer Wache) Unter den Linden,

Biergarten der »Schloßbrauerei Schöneberg«, Hauptstraße 122, um 1910

auch die schöne »Singakademie« gebaut. Zelter war der einzige Duzfreund Goethes, der von ihm sagte: »Er kann bei der ersten Bekanntschaft etwas sehr derb, ja mitunter sogar etwas roh erscheinen. Allein das ist nur äußerlich. Ich kenne kaum jemand, der zugleich so zart wäre wie Zelter. Und dabei muss man nicht vergessen, dass er über ein halbes Jahrhundert in Berlin zugebracht hat. Es lebt aber, wie ich an allem merke, dort ein so verwegener Menschenschlag beisammen, dass man mit der Delikatesse nicht weit reicht, sondern dass man Haare auf den Zähnen haben und mitunter etwas grob sein muss, um sich über Wasser zu halten.«

Schlossherr Itzig war Hofbaumeister und Chausseeinspektor und damit verantwortlich für den Ausbau und die Pflasterung der Straße, die genau vor seiner Tür vorbeiführte, als erste Chaussee Preußens, von Berlin über Schöneberg bis nach Potsdam. 1867 wurde sein gesamter Grundbesitz für die ordentliche Summe von 55 000 Talern an Heinrich Caspar Schlegel verkauft, der auf dem Grundstück die Schlegel'sche Brauerei mit Ausschank und Biergarten errichtete. Vier Jahre später ging daraus die »Schloßbrauerei Schöneberg« hervor.

1938 wurde neben der Brauerei der »Prälat in Schöneberg« mit einem großem Saal für zweitausend Personen sowie diversen Vereins- und Hochzeitsräumen als größte Gaststätte des Berliner Westens eröffnet. Zum Feiern im »Prälaten« blieben aber nur wenige Jahre, dann zerstörten Fliegerbomben der Royal Air Force den Bau. Nach Kriegsende erfolgte der Wiederaufbau im gleichen Stil, bis es dann Mitte der sechziger Jahre zu einem modernen Umbau kam. In den folgenden zwanzig Jahren wurde noch kräftig getanzt und gefeiert, aber der große Saal ließ sich nicht mehr

»Jagdschlößchen«, Hauptstraße 124, 1938

so leicht füllen. Die Konkurrenz, vor allem das neueröffnete »Palais am Funkturm«, machte dem Unternehmen zu schaffen. Der Niedergang zog sich noch einige Jahre schmerzhaft dahin, bis am 30. Juni 1987 im »Prälaten« endgültig die Lichter ausgingen und ein Kapitel der Berliner Vergnügungsgeschichte beendet war. Lange wird ein neuer Betreiber gesucht aber nicht gefunden – der Bau vergammelt mehr und mehr und wird 2007 abgerissen. Das kriegszerstörte »Jagdschlößchen« war bereits 1950 aus dem Stadtbild verschwunden, die »Schloßbrauerei« folgte 1975, nachdem zuvor das Grundstück an die Gemeinnützige Siedlungs- und Wohnungsbaugesellschaft GSW verkauft worden war. Ein Stück des traditionsreichen Tanzpalastes existiert aber noch, man muss nur genau hinschauen. Hinter dem Supermarkt steht ein frisch verputzter Bau, ohne Fenster oder Türen. Dahinter verbirgt sich, eingemauert, der historische Wappensaal des »Prälaten« und harrt seiner Wiedererweckung. Wer sich nicht von den Verkehrsgeräuschen ablenken lässt und ganz genau hinhört, der vernimmt vielleicht noch ganz leise die Melodie, die 1913 Walter Kollo komponierte und die bei keiner Festveranstaltung fehlen durfte: »Es war in Schöneberg, im Monat Mai…«

Unser Weg führt nun weiter zur Spitze der Mittelinsel, wo ein von einem Gitter eingefriedeter Gedenkstein »an die Goldene Hochzeit Kaiser Wilhelm I. und Kaiserin Augusta am 11. Juni 1879« erinnert. Obwohl ihre Ehe an Jahren lange hielt, war es doch keine sonderlich glückliche. Der Grund dafür lag bereits lange zurück. Der junge Wilhelm hatte sich schon als Jugendlicher in die schöne Prinzessin Elisa von Radziwill, die er seit frühester Kindheit kannte, verliebt. Auch der Vater des Jungen hatte anfangs

Straßenüberbauung an der Kreuzung Hauptstraße, Dominicusstraße, um 1970

gegen eine Verbindung nichts einzuwenden. Doch als auch nach mehreren Gutachten kein Blut des hohen Adels in der Familie Radziwill nachgewiesen werden konnte, war eine Ehe unmöglich. So fügte sich Wilhelm gezwungenermaßen in die Ehe mit Prinzessin Augusta von Sachsen-Weimar-Eisenach, für die er zeitlebens keine große Liebe empfand und die sich auch am Berliner Hof nie heimisch fühlte. 1938 erzählte ein erfolgreicher Ufa-Film die Geschichte der unglücklichen Liebe zwischen Wilhelm und Elisa. Unter dem Titel »Preußische Liebesgeschichte« spielten Lida Baarova die Elisa Radziwill und Willy Fritsch die Rolle des Kronprinzen.

Wurde die Schöneberger Dorfaue weitgehend dem Autoverkehr geopfert, so war die Krönung aller Furchtbarkeiten eine Stahl-Beton-Brücke, erbaut in den siebziger Jahren, damit der Autoverkehr kreuzungsfrei die Dominicusstraße überqueren konnte. Zum Glück verschwand das monströse Bauwerk Jahre später wieder – aber viel zu spät. Trotzdem gibt es, nur wenige Meter von der Hauptstraße entfernt, noch einen Ort, wo die Verkehrsgeräusche fast verschwinden und nur noch muntere Vogelstimmen unserem Ohr schmeicheln.

Wir verlassen die Mittelinsel und gehen auf die alte Dorfkirche zu. Zwischen dieser und der modernen Paul-Gerhardt-Kirche, die mit ihrem Namen an den protestantischen Kirchenliederdichter erinnert, besteigen wir den »Schönen Berg«. Lassen wir uns nicht täuschen, die Dorfkirche ist nicht so alt wie sie ausschaut. Im 13. Jahrhundert erbaut, brannte sie erstmals 1544 nieder. Der neuerrichtete Bau existierte dann bis in das 18. Jahrhundert, die Zeit des Siebenjährigen Krieges, wo das Gotteshaus wiederum Opfer der Flammen wurde. Das dritte Gotteshaus, an gleicher Stel-

Die alte Dorfkirche, um 1900

le errichtet, wurde als spätes Opfer des Krieges im Februar 1945 zerstört. Der jetzige Kirchenbau, ausgeführt im Stil der Regierungszeit Friedrich des Großen, wurde 1955 geweiht.

An der Südwand der Sakristei erinnert eine große Epitaphtafel an den 1718 verstorbenen königlichen »Hof-Tabcierer« Thomas Feger. Die schwere Sandsteintafel ist die älteste Grabplatte des Friedhofs; ihre Schrift ist nicht leicht zu entziffern. Denken Sie nicht, dass Feger die Tapetenrollen selbst an die königlichen Wände brachte, auch wenn Tapeten damals weitaus kostbarer waren im Vergleich zum heutigem Wandschmuck. Der Hof-Tabcierer war ein Dekorateur, der meist für die gesamte Ausstattung eines Palais zuständig war.

Gegenüber, direkt an der Kirchhofsmauer, erinnert ein eisernes Grabmal an den Generalleutnant der preußischen Armee, Friedrich Otto von Diericke. Die Grabanlage entstand 1819, nach Entwurf von Karl Friedrich Schinkel, in der Königlichen Eisengießerei. Wir umrunden die Sakristei, um dann dem Weg neben alten Mausoleen und Wandgräbern abwärts zu folgen. Manche Familiennamen sind auf dem Friedhof mehrfach zu entdecken, so auch links neben der Dorfkirche. Es sind die alt eingesessenen

Schöneberger Familien Bergemann, Mette, Lange oder Willmann, deren Urgroßeltern noch einfache Bauern waren und von denen einige durch geschickte Landverkäufe zu »Millionenbauern« wurden. Von diesem plötzlichen Wohlstand zeugen bereits die Villen entlang der Straße sowie nun die stattlichen Mausoleen rechts des Weges.

Im 1877 erbauten Mausoleum der Familie Richnow überrascht ein Blick ins Innere. Ein kleines Teetischchen im arabischen Stil erinnert an den derzeitigen Pächter des Grabes. Eine kleine Glastafel am Eingang gibt Auskunft, dass dieses historische Mausoleum 1985 von dem Ägypter Safwat Maurice Faltas übernommen wurde.

Einige der Namen auf alten Grabstätten treffen wir auch auf Schöneberger Straßenschildern wieder. So finden wir im Stadtplan den Willmanndamm, benannt nach der Familie, die immerhin vier Dorfschulzen stellte. Außerdem gibt es die Hewaldstraße, Heylstraße, Feurigstraße, Vorbergstraße oder die Fregestraße. Alle Namensgeber waren mit der Geschichte Schönebergs eng verbunden.

Das Grab von Franz Schwechten, der 1924 starb, ist ein Ehrengrab der Stadt Berlin. Der Architekt hat sein Wandgrab selbst zu Lebzeiten entworfen. Viele seiner Bauten sind uns bekannt, einige bereichern noch das Stadtbild. So die Kaiser-Wilhelm-Gedächtniskirche, deren Turmruine zu den Wahrzeichen der Stadt gehört. Auch der Kaiser-Wilhelm-Turm, der den Berlinern meist nur als Grunewaldturm bekannt ist, das Kraftwerk Moabit und die ehemalige Schultheiss-Brauerei in Prenzlauer Berg, die heute als Kulturbrauerei eine wichtige Institution ist, entstanden nach seinen Entwürfen. Verschwunden, bis auf den Portikus, ist sein berühmtestes Bauwerk, der Anhalter Bahnhof, für den Heinrich Seidel die Dachkonstruktion entwarf.

Nah dem Mittelweg steht ein kleiner Grabtempel, dessen Dach von sechs dorischen Säulen getragen wird. Das Grab schuf August Stüler 1860 für Wilhelm Stier, nach dem die Friedenauer Stierstraße benannt ist. Stier war Architekt, der außer seinem eigenen Wohnhaus, der »Stierburg, Am Karlsbad« nichts mehr gebaut hat. Stattdessen hat er angehende Baumeister an der Schinkel'schen Bauakademie ausgebildet. Stier war als Lehrer eher unkonventionell. Er sprach stets frei und lockerte den manchmal trockenen Lehrstoff durch kleine Scherze auf, was ihn bei den Studenten außerordentlich beliebt machte. Zu seinem Geburtstag kamen sie früh am Morgen zu seinem Haus und sangen vor seinem Fenster ein Geburtstagsständchen. Anschließend folgte eine gemeinsame Wanderung, oft bis nach Tegel, wo der Lehrer seine Studenten zu einem Umtrunk einlud. Fiel sein Geburtstag, der 8. Mai, auf einen Wochentag, so fand die Geburtstagswanderung am nahen Himmelfahrtstag statt. Stier starb 1856. Seither treffen sich regelmäßig am Himmelfahrtstag Mitglieder der studentischen

Vereinigung »Das Motiv«, die Stier einst mitbegründet hatte, am Grab des einst so beliebten Lehrers zum Umtrunk – und das noch 154 Jahre nach seinem Tod. Früher wurde an seinem Grab noch gesungen, heute belässt man es bei einem Blumengruß und der beliebten »Stierspritze«. Steht man an seinem Grab, so ist der höchste Punkt des »Schönen Berges« erreicht.

Mitte

Immer an der Wand lang
Auf den Spuren der Berliner Mauer

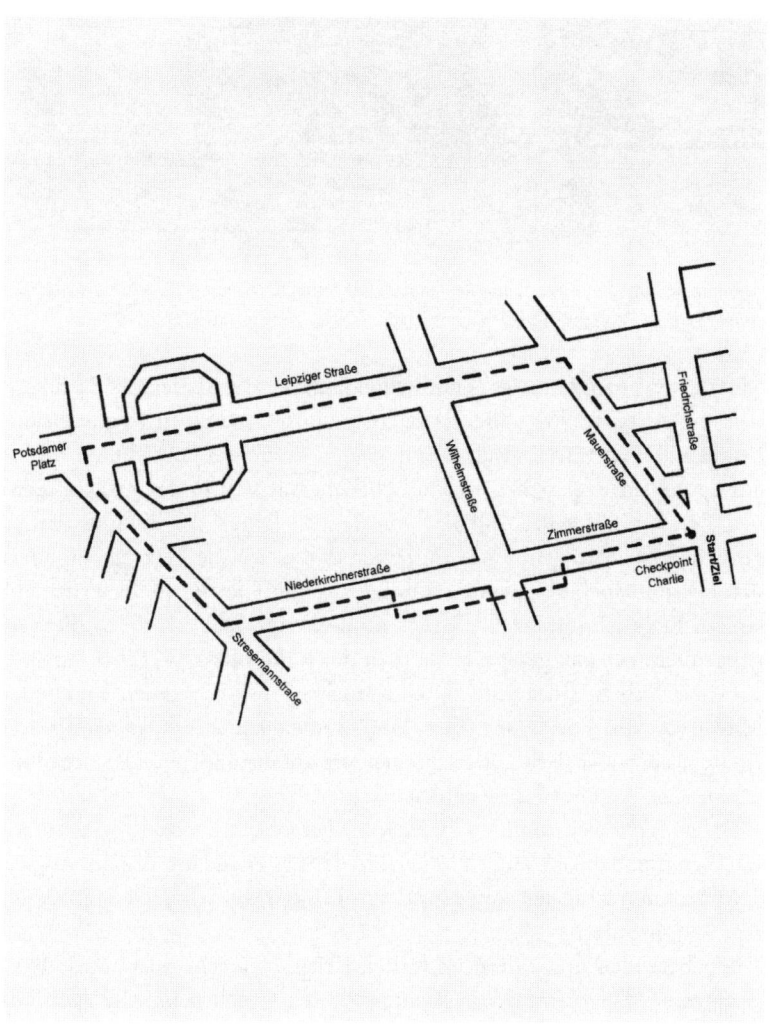

Jugendliche demolieren das Schild des sowjetischen Sektors, Zimmer-, Ecke Friedrichstraße, Juli 1951

Mehr als zwanzig Jahre ist es nun schon her, dass die Mauer, die Berlin seit dem 13. August 1961 teilte, durchlässig wurde und dann in atemberaubendem Tempo verschwand. Grund genug, nach zwei Jahrzehnten wieder auf Spurensuche zu gehen, um zu schauen, was sich in der zurückliegenden Zeit verändert hat und was von den 28 Jahren der Teilung Berlins geblieben ist. Also gehen wir am besten dahin, wo die Teilung besonders deutlich und spektakulär war, zum Checkpoint Charlie an der Friedrichstraße, Ecke Zimmerstraße. Unser Entdeckungs-Spaziergang in die Vergangenheit, genauer gesagt, in die Zeit des Kalten Krieges, führt anfangs, auf einst West-Berliner Seite, durch Kreuzberg. Wir folgen den Spuren der Mauer bis zum Potsdamer Platz. Dort werden wir den einstigen »Todesstreifen« nach Ost-Berlin überschreiten, um auf der anderen Seite der Mauer zum Checkpoint Charlie zurückzukehren.

Da ich nicht weit von hier, in der Kreuzberger Großbeerenstraße, aufgewachsen bin, habe ich einen großen Teil der Ereignisse um den 13. August 1961 herum mit eigenen Augen verfolgt. Damals war ich noch Schüler, gerade 15 Jahre alt.

Wir befanden uns mitten im Kalten Krieg. Deutschland war seit 1945 ein geteiltes Land und Berlin Brennpunkt des Geschehens. Die Stadt bestand aus vier Sektoren, die von jeweils einer Siegermacht verwaltet wurden. Auf der einen Seite gab es die sogenannte »westliche Welt«, vertreten durch USA, Großbritannien und Frankreich. Die Gegenseite, waren die Bruderstaaten des Warschauer Paktes, deren Hauptvertreter die vierte alliierte Siegermacht, die Sowjetunion war.

Amerikanische Panzer nahe Checkpoint Charlie, 1961

Genau hier an der Zimmerstraße grenzte der Amerikanische Sektor an den Sowjetischen Sektor. West-Berlin, bestehend aus den drei Besatzungszonen der Westmächte, war eine Insel inmitten der sowjetisch besetzten Zone, aus der später die Deutsche Demokratische Republik wurde. Vor 1961 konnten sich die Berliner in der ganzen Stadt ungehindert bewegen – trotz zweier Währungen und unterschiedlicher Wirtschaftssysteme.

Seit Gründung der DDR verließen immer mehr Menschen den Ostteil der Stadt, um sich in den Westen abzusetzen. Der Flüchtlingsstrom schwoll in den folgenden Jahren an und erreichte seinen Höchststand kurz vor dem Mauerbau. Zwischen 1949 und 1961 kehrten knapp 2,7 Millionen DDR-Bürger ihrem Staat den Rücken und der größte Teil von ihnen flüchtete über West-Berlin. Dieses Schlupfloch in den Westen wollte die DDR am 13. August 1961 endgültig schließen. Die streng geheim vorbereitete Aktion, mit dem Decknamen »Rose«, begann an diesem Tag, einem Sonntag, um zwei Uhr in der Nacht.

Volksarmee und Volkspolizei, unterstützt durch Betriebskampfgruppen, begannen entlang der Demarkationslinie West-Berlin abzuriegeln. Ungläubig beobachteten Berliner aus Ost und West die Bauarbeiten. Bereits am späten Abend des 13. August war die Abgrenzung vollzogen.

Obwohl die westlichen Alliierten anfangs vehement protestierten und dabei immer wieder betonten, dass sie diese radikale Teilung der Stadt nicht hinnehmen würden, begann man sich letztlich doch auf die neue Situation einzustellen. Hier an der Kreuzung der Friedrichstraße mit der Zimmerstraße wurde der Grenzübergang Checkpoint Charlie eingerich-

»Schikanen« am Checkpoint Charlie, um Grenzdurchbrüche zu verhindern, 1961

tet, als Übergangsstelle für Angehörige der Alliierten Streitkräfte zwischen West- und Ost-Berlin. Diese konnten ohne Ausweiskontrolle den Grenzübergang in beide Richtungen passieren.

Dramatisch wurde die Situation am 25. Oktober 1961. Entgegen bestehender Abmachungen, führte die DDR einseitige Ausweiskontrollen für die westlichen Alliierten ein. Die brüskierten Amerikaner ließen daraufhin Panzer anrollen, die vor der Grenze mit laufenden Motoren in Stellung gingen.

Zwei Tage später tauchten auch auf östlicher Seite sowjetische Panzer auf, die sich den Amerikanern entgegenstellten. Wir West-Berliner dachten damals, dass die Amerikaner mit ihren Panzern nun die Grenzbefestigungen niederwalzen werden, um die Teilung gewaltsam zu beenden. Bis zum 28. Oktober standen sich die Panzer, immer mit brummenden Motoren gegenüber, dann – plötzlich, rückten beide Seiten wieder ab. Man hatte sich inzwischen diplomatisch darauf geeinigt, dass alliiertes Personal einschließlich ihrer Familienangehörigen, auch in Zivil, den Kontrollpunkt überschreiten konnten, wenn sie eine Identitätskarte der Besatzungsbehörden vorzeigten. Ansonsten galt die Uniform als Identitätsnachweis. Nach dem Abzug der Panzer war allen Berlinern endgültig klar: die Teilung der Stadt bleibt bestehen!

Alle Grenzübergänge von und nach Berlin wurden entsprechend der militärischen Buchstabiertafel benannt. Dieser Regel folgend, erhielt der wichtigste Grenzübergang Helmstedt die Bezeichnung »Alpha«, danach kam Dreilinden mit Namen »Bravo« und als drittwichtigster Kontrollpunkt »Charlie«, hier an der Friedrichstraße. Das berühmteste Bauwerk an diesem Kontrollpunkt war die Grenzbaracke der westlichen Alliierten auf der Mittelinsel der Friedrichstraße.

Checkpoint Charlie mit Grenzbaracke der westlichen Alliierten, 1987

Als die Mauer dann nach 28 Jahren fiel, wurde innerhalb kürzester Zeit nahezu alles, was an die Teilung Berlins erinnerte, restlos entfernt. Schnell verschwand die Grenzbaracke, und noch nicht einmal den weißen Grenzstreifen, den DDR-Grenzer auf den Asphalt der Friedrichstraße malen ließen, und der regelmäßig erneuert wurde, wollte man weiterhin ertragen. Berlin-Besucher standen nun ratlos an der unauffälligen Straßenkreuzung und fragten sich gegenseitig: »Wo stand denn eigentlich die Mauer?« und: »Sind wir nun hier in Ost- oder West-Berlin?« Erst jetzt fiel den Stadtpolitikern auf, dass man wohl etwas zu gründlich die Vergangenheit beseitigt hatte. Jetzt wurde der Verlauf der Mauer wieder neu markiert, zum Teil mit Messingbändern oder Kopfsteinpflaster, das in den Asphalt eingelassen wurde. Und auch das Grenzhäuschen vom Checkpoint Charlie kehrte zurück – allerdings als verkleinerte Kopie.

Wir wollen uns nun auf den Weg machen und dem Verlauf der einstigen Mauer oder wie es im offiziellen DDR-Sprachgebrauch hieß, dem »antifaschistischen Schutzwall« folgen. Wir biegen von Kreuzberg kommend nach links in die Zimmerstraße ein und benutzen den linken Bürgersteig, da wir ja zunächst auf West-Berliner Gebiet bleiben wollen.

Beim Abbiegen werfen wir noch einen Blick auf das Eckhaus. Das Gebäude mit seiner stuckverzierten Fassade wirkt, als ob es in der Gründerzeit errichtet wurde. In Wirklichkeit ist es aber viel früher gebaut worden, denn es ist das älteste noch erhaltene Barockhaus der Friedrichstadt, wie das Gebiet früher hieß. Das Haus wurde um 1735 einstöckig erbaut und in den darauffolgenden 150 Jahren zweimal aufgestockt, um es der sich wandelnden baulichen Umgebung anzupassen. Eigentlich sollte das Wohnhaus in den siebziger Jahren abgerissen werden – da entdeckten Architekten im Keller altes Tonnengewölbe, ein Beleg für das wahre Alter des Hauses. So wurde es restauriert und für den interessierten Betrachter hat man an der Brandmauer des Hauses die Konturen der unterschiedlichen Bauveränderungen farbig markiert.

Rechts von der Bordsteinkante ist das im Asphalt eingelassene Kopfsteinpflaster, das den Verlauf der Mauer markiert, zu sehen. Es zeigt, dass den Bewohnern der Häuser auf der linken Seite die Mauer direkt vor die Nase beziehungsweise vor die Haustür gebaut wurde. Die Mieter konnten nach dem 13. August ihre Wohnungen nicht mehr mit dem Auto erreichen. Umzüge und besonders der Abtransport von sperrigen Gegenständen wurden sehr mühsam. Bis zu dreihundert Meter musste alles getragen werden, was den Transport von Waschmaschinen und Fernsehern doch sehr erschwerte. Noch schlimmer war die Situation für Firmen und Fabrikationsbetriebe, die auf Anlieferung oder Abholung per Lastwagen angewiesen waren. Sie konnten seit dem 13. August in dieser Straße ihre Waren nicht mehr produzieren und mussten schnellstens umziehen oder schließen.

Zimmerstraße, 1987

Das Gebäude mit der Backsteinfassade auf der anderen Straßenseite, es ist die Zimmerstraße 88-91, hat eine wechselhafte Geschichte hinter sich. 1886 gebaut als Markthalle III, dann 1910 umgebaut zum Konzerthaus Clou, war es mit viertausend Plätzen das größte Tanzlokal Berlins. Schon 1927 fanden im Clou Massenveranstaltungen der Nationalsozialisten statt, die im Vorderhaus mit einem Verlag und einer Druckerei einen Teil ihres Propagandaapparats etabliert hatten. Später wurden die Keller von der Gestapo als Verhörkeller genutzt. Der Krieg zerstörte den Hallenbau. Die verbliebenen Gebäudeteile nutzte bis zur Wende das DDR-Außenhandelsbüro mit seinem Chef Alexander Schalck-Golodkowski. Es war einer von ganz wenigen Orten, wo es möglich war, von West-Berliner Seite in Ost-Berliner Fenster zu schauen. Darunter, im Keller, ein Stützpunkt der Staatssicherheit mit einem, wie sich später herausstellte, nicht unerheblichen Waffenlager.

»Geöffnet nach Osten, geöffnet nach Westen und nach Vereinbarung« steht rechts neben dem Schriftzug »Wall-Street-Galery«, auf unserer Straßenseite. Peter Unsicker, seit 1986 Initiator der kleinen Werkstattgalerie in der Zimmerstraße 12, nutzte die Mauer vor seinem Schaufenster als Arbeits- und Ausstellungsfläche. Ich erinnere mich gut an ein äußerst wirkungsvolles Kunstwerk, das an der Mauer befestigt war und die vorübergehenden Passanten verblüffte und manchen auch verunsicherte. Dabei war es eigentlich recht simpel. Einige kleine Spiegelscherben waren unregelmäßig auf den Beton geklebt. Kam man daran vorbei sah es aus, als ob die Mauer Löcher hätte durch die man nach Ost-Berlin schauen konnte.

Trat man näher, um einen Blick hindurch zu wagen, sah man in sein eigenes Gesicht.

Der Mauerbau, der die Stadt gnadenlos in zwei Hälften zerschnitt, führte häufig auch zu merkwürdigen, teils skurrilen Situationen, die heute nur schwer nachvollziehbar sind. Die Mauer war von der DDR nur selten direkt bis an die Grenzlinie gesetzt worden, sondern meist in einem Abstand von zwei bis drei Metern. Das bedeutete dass der Bürgersteig, auf dem wir uns bewegen, noch zu Ost-Berlin gehörte. War die Galerie im Westen, befand sich die kleine Treppe, die in die Räume führte, bereits im Osten. West-Berliner Polizei und andere staatliche Institutionen durften somit diesen Bürgersteig nicht betreten, auch nicht, wenn es galt, eine Straftat zu verhindern. So lebten auch einige Steuerflüchtlinge in diesen Häusern, da sie sich hier vor den Vollstreckungsbeamten des Finanzamts sicher fühlten. Als diese Situationen sich häuften, verschaffte sich die Polizei, mit Hilfe von Leitern, Zugang von den rückwärtigen Nachbargebäuden der angrenzenden Kochstraße aus. Die einzigen, die hier auf dem Bürgersteig fahren durften, waren Jeeps der amerikanischen Militärpolizei, die täglich die Grenze des amerikanischen Sektors kontrollierten.

Eine Gruppe spanischer Architekten entwarf im Rahmen der Internationalen Bauausstellung 1984 die Neubauten Zimmerstraße 6-10. Sie wirken von dieser Seite nicht besonders eindrucksvoll, auf zwei Aspekte möchte ich aber hinweisen. Damit die späteren Bewohner nicht immer die Mauer vor Augen haben sollten, sind alle Wohnräume zur anderen Seite auf einen großen Innenhof ausgerichtet. Außerdem setzten die Planer die Gebäude an der Straße etwas zurück, da sie im Jahr 1984 (!) der Meinung waren, dass die Mauer in keinem Fall ewig stehen werde. Sollte sie einmal verschwinden, könnten nachträglich schmale Vorderhäuser in die Straßenfront eingefügt werden, um wieder ein einheitliches Fassadenbild zu erreichen. Eine erstaunliche Weitsicht, die damals von vielen deutschen Berufskollegen milde belächelt wurde.

Über den Durchgang zwischen den Eingängen mit den Hausnummern 9 und 10 betreten wir den Innenhof. Einen so großen und hellen Innenhof hinter diesen schlichten Fassaden hätte man eigentlich nicht erwartet. Es ist erstaunlich ruhig, nur wenige Meter von der lauten Wilhelmstraße entfernt. Die Häuser, die zuvor hier standen, besaßen nur winzige Hinterhöfe, dunkel und von Mauern umgeben. Links hinter dem Durchgang ist noch einer der Höfe dieser Zeit erhalten. Durch die Bäume etwas verdeckt ist das Hochhaus des Springer Verlags zu sehen, das der Verlagsgründer Axel Cäsar Springer in den sechziger Jahren mit Absicht direkt an der Mauer errichten ließ. Er wollte, dass die goldschimmernde Fassade und seine Leuchtschrift auf dem Dach wie eine Fackel weit in den Osten hinein sichtbar sein sollte. Vermutlich hatte der Verleger, der in seinen Zeitungen die Abkürzung DDR stets mit Anführungszeichen versah, nichts dagegen, dass der Osten seine Baupläne als »reine Provokation« ansah.

Wir verlassen die Hofanlage durch das Hauptportal zur Wilhelmstraße und entdecken auf der anderen Straßenseite, neben der Kreuzung mit der Zimmerstraße, eines der wenigen zusammenhängenden Stücke der Berliner Mauer. Häufig stutzen Passanten, wenn sie auf das Schild »Bannkreis« stoßen. Es signalisiert, dass wir uns in der Nähe eines Regierungs- oder Verwaltungsgebäudes der obersten Verfassungsorgane befinden. Innerhalb des »Bannkreises« ist jede Versammlung oder Demonstration verboten.

Dass die Mauer heute wie ein Schweizer Käse ausschaut, daran sind die »Mauerspechte« schuld. Gleich nach der Öffnung der DDR kamen zig-Tausende Berliner und Berlin-Besucher, bewaffnet mit Hammer und Meißel. Jeder wollte ein kleines Stückchen des »Antifaschistischen Schutzwalls« zur Erinnerung für sich ergattern. Besonders begehrt waren die Teile, die noch farbige Reste der Mauerbilder oder Graffitis aufwiesen. Denn das war das Besondere der Berliner Mauer, allerdings nur auf der Fläche, die nach West-Berlin zeigte. In Ost-Berlin wagte es keiner, das Bauwerk zu bemalen oder zu besprühen, und sollte es doch einmal passiert sein, hätten die Grenzorgane es sofort fein säuberlich überstrichen. Auf West-Berliner Seite hingegen war die Mauerfläche ein durchgehend buntes Kunstwerk. Kein Bild, kein flotter Spruch war für die Ewigkeit, da ständig neue Kunstenthusiasten den Platz für sich beanspruchten. Und genau das war das Spannende, dass man täglich neue Bild- und Sprachschöpfungen entdecken konnte. Das Mitteilungsbedürfnis der Menschen war unerschöpflich.

Hier, genau an dieser Stelle, konnte man zu unterschiedlichen Zeiten folgendes lesen:

»Erich wir kommen«,
»Eine Frau ohne Mann ist wie ein Fisch ohne Fahrrad«,
»Man ehj, lieber krankfeiern als gesund schuften«,
»Gabi ick liebe Dir«,
»Der Letzte macht det Licht aus«.

Und die philosophische Erkenntnis *»Wird Zeit, dass wir leben«*, hatte ein anderer mit dem Zusatz *»Geh erst mal arbeiten«* versehen.

Neben unzähligen Hobby-Malern wurde die Mauer auch zur Leinwand der Profis. Zu den bekanntesten gehörte der in Berlin lebende Franzose Thierry Noir. Er hat über Jahre hinweg die Mauer mit seinen markanten Köpfen verschönt und immer, wenn sein Werk nach wenigen Wochen kaum noch zu erkennen war, erneut zu Farbe und Pinsel gegriffen. Auch Keith Haring ließ es sich nicht nehmen, einige seiner für ihn typischen Figuren über die Mauer klettern zu lassen.

Da wir weiterhin auf West-Berliner Gebiet bleiben wollen, gehen wir einige Schritte zurück und betreten in der Nähe des Schildes »Bannkreis«

Das Hotel »Prinz Albrecht« wurde Sitz der Zentrale des Reichssicherheitshauptamtes, Prinz-Albrecht-Straße 9, 1934

das Gelände der Ausstellung »Topographie des Terrors«. Hinter dem Eingang folgen wir geradeaus dem Weg neben den freigelegten Kellerresten. Auf diesem Areal befanden sich bis zu ihrer Zerstörung im Zweiten Weltkrieg, beziehungsweise ihrer Sprengung Mitte der Fünfziger Jahre, einige der gefürchtetsten Terroreinrichtungen des Dritten Reiches.

In früherer Zeit war das eingezäunte Gelände eine großzügige Parkanlage. In der Mitte ein kleines Schloss, das 1737 für einen französischen Ba-

Das im Zweiten Weltkrieg zum Teil zerstörte Gebäude der Geheimen Staatspolizei, Prinz-Albrecht-Straße 8, Juni 1949

ron erbaut worden war. Hundert Jahre später war es die Residenz des Prinzen Albrecht, dem jüngsten Sohn der Königin Luise. Ab November 1934 war es Sitz des von Reinhard Heydrich geleiteten Sicherheitsdienstes der SS, kurz SD genannt, und ab 1939 auch die Zentrale des Reichssicherheitshauptamtes.

In einem der damals angrenzenden Gebäude, der Prinz-Albrecht-Straße 9, einem ehemaligen Hotel, residierte der SS-Führer Heinrich Himmler.

Unter seiner Leitung arbeiteten mehr als 6500 Beamte an der Planung der Konzentrationslager und der Massenvernichtung der Juden.

Die freigelegten Kellergewölbe gehörten zu dem Gebäude Prinz-Albrecht-Straße 8, in dem nach der Machtübernahme durch die Nationalsozialisten das Hauptquartier der Gestapo untergebracht war. In diesen Kellern und dem so genannten »Hausgefängnis« der Gestapo wurden zwischen 1933 und 1945 zahlreiche politisch Andersdenkende inhaftiert, gefoltert und ermordet. Während des Krieges wurden auch zahllose Häftlinge aus den von der Wehrmacht besetzten Gebieten hierher gebracht und verhört. Über deren Schicksal ist bis heute nichts oder nur wenig bekannt geworden.

Bevor die Mauer fiel, zu dieser Zeit waren noch nicht die gesamten Keller freigelegt, gab es nur einen schmalen Weg zwischen der Mauer und einem Zaun, der das Ausstellungsgelände umgab. Es war eigentlich kein Weg, eher ein Pfad, eingewuchert von Buschwerk, Brennnesseln und dichter Vegetation. Auf diesem Pfad hätte man gut eine Machete gebrauchen können, um sich einen Weg durch das Unterholz zu bahnen.

Ging man früher an der Mauer entlang, egal auf welchem Abschnitt, man fühlte sich immer beobachtet. Und so war es auch, denn direkt dahinter standen in regelmäßigen Abständen Wachtürme, stets besetzt mit zwei Grenzsoldaten, denn einer allein hätte ja möglicherweise auf den Gedanken kommen können, in einem unbeobachteten Moment die Mauer zu überklettern, um sich nach West-Berlin abzusetzen. Von diesen Türmen aus wurde jeder, der sich auf Westseite nah der Mauer aufhielt, mit dem Fernglas beobachtet. Diese ständige Überwachung verursachte ein sehr unangenehmes Gefühl in der Magengegend.

Gleich hinter dem Ausstellungsgelände steht der Martin-Gropius-Bau, der 1881, im Stil der Schinkel-Nachfolge, als Kunstgewerbemuseum von den Architekten Martin Gropius und Heino Schmieden fertiggestellt wurde. Martin Gropius war ein Großonkel des Bauhaus-Architekten Walter Gropius. Der Zweite Weltkrieg ließ von diesem Prachtbau nur eine Ruine übrig, die erst 1981 aus einem Dornröschenschlaf wieder zu neuem Leben als Ausstellungsgebäude erweckt wurde. Obwohl hervorragend restauriert, sind an einigen Stellen, im Bereich der Freitreppe, die Spuren des Krieges noch deutlich sichtbar. Zahlreiche Einschusslöcher in den beiden Skulpturen am Fuß der Treppe erinnern an den Häuserkampf in den letzten Wochen des Krieges. Wegen der Mauer konnte der Haupteingang in das Ausstellungsgebäude nicht genutzt werden, die Besucher mussten durch einen Hintereingang das Gebäude betreten.

Der Bau gegenüber, 1892 als Preußisches Abgeordnetenhaus eingeweiht, zeigt die Formensprache der italienischen Hochrenaissance, gut zu erkennen an den Kolossalsäulen, die den breiten Mitteltrakt betonen. Das eben-

Preußisches Abgeordnetenhaus in der Prinz-Albrecht-Straße 5, 1932

falls im Krieg stark zerstörte Gebäude wurde von der DDR nur notdürftig instandgesetzt und dem benachbarten »Haus der Ministerien« angegliedert. West-Berlin richtete sein Abgeordnetenhaus nach der Teilung der Stadt im Rathaus Schöneberg ein, wo es bis zur Wiedervereinigung verblieb. Seit 1993 tagt das Gesamtberliner Abgeordnetenhaus nun wieder in dem historisch bedeutsamen und aufwändig restaurierten Bau.

Wir verlassen die Treppe, um unseren Weg fortzusetzen. Neben dem Bürgersteig sind jetzt andere Markierungen, aus Kupfer und rötlichen Steinplatten, zu finden, die den Verlauf der Mauer zeigen. Gleich ist die Stresemannstraße erreicht, einst eine bedeutende Wohn- und Geschäftsstraße, die den Anhalter Bahnhof mit dem Potsdamer Platz verband. Hier wohnten u.a. Theodor Fontane, Joachim Ringelnatz, Vicki Baum und der Verleger Samuel Fischer. Keine andere Berliner Straße musste, je nach politischer Lage, so häufig ihren Namen wechseln wie diese. Zuerst hieß sie Hirschelstraße, dann Königgrätzer Straße, später Budapester Straße und Friedrich-Ebert-Straße, dann Saarlandstraße, bis man ihr im »Tausendjährigen Reich« den Namen Hermann-Göring-Straße verordnete. Nach dem Krieg änderte man den Namen verständlicherweise nochmals, in den, der bis heute aktuell ist: Stresemannstraße.

Blicken wir auf die andere Seite der Stresemannstraße, steht links an der nächsten Ecke das »schiefe Haus« der 1950 in Bagdad geborenen Architektin Zaha Hadid. Ihre Abneigung gegen die Vorherrschaft des rechten Winkels begründet sie folgendermaßen: »Das Wichtigste ist die Bewegung, der Fluss der Dinge, eine nicht-euklidische Geometrie, in der sich nichts wiederholt: eine Neuordnung des Raumes.« Zaha Hadid, die Mathematik studierte, bevor sie sich der Architektur widmete, war Mitarbeiterin im Rem Koolhaas' Office for Metropolitan Architecture in London, wo sie auch ihr eigenes Büro eröffnete. Mit einigen (unausgeführten) Entwürfen erregte sie internationales Aufsehen und gewann mehrere Preise. Trotzdem erschienen ihre Projekte den Bauherren oft als zu gewagt. Ihren Durchbruch schaffte sie 1993 in Deutschland mit dem Auftrag für den Bau der Feuerwache des Vitra-Werks in Weil am Rhein. Eigentlich war der Bau an der Stresemannstraße, Bestandteil der Internationalen Bauausstellung Berlin 1984/87, ihr erster ausgeführter Entwurf, aber er wurde, obschon 1987 begonnen, erst 1994 fertiggestellt.

Die Absperrungen um West-Berlin herum, die von der DDR am 13. August 1961 in großer Eile errichtet wurden, wirkten anfangs noch sehr provisorisch. Man hatte Gräben ausgehoben, Stacheldrahtzäune errichtet und Hindernisse gemauert. Wo Straßen zuvor von Ost nach West führten, waren »Schikanen« aufgestellt worden, um Grenzdurchbrüche mit Fahrzeugen zu verhindern. Da aber noch immer zahlreiche DDR-Bürger Fluchtversuche unternahmen und sich dabei nicht von Stacheldraht abhalten ließen, wurde nach und nach jedes erkennbare Schlupfloch geschlossen. Wo Häuser direkt auf der Grenzlinie standen, mussten nun die Mieter ihre Wohnungen verlassen. Anschließend wurden alle Fenster und Türen, die nach West-Berlin zeigten, zugemauert. Trotzdem gab es immer wieder spektakuläre Fluchtversuche. Menschen schwammen durch Seen und Flüsse in den Westen, andere gruben monatelang unterirdische Tunnel und, mehrfach gab es Versuche, die Grenzbefestigungen mit gepanzerten Lastwagen zu durchbrechen.

In den folgenden Jahren wurde von der DDR nach und nach, auf einer Länge von 155 Kilometern, der Ausbau zu einer »modernen Grenze« vorangetrieben. Stacheldraht und Metallzäune verschwanden und wurden durch eine Mauer aus fast vier Meter hohen Betonplatten ersetzt. Dabei blieb es aber nicht. Hinter der Mauer entstand ein vierzig Meter breiter sogenannter »Todesstreifen«, den ein 2,5 Meter tiefer Graben begrenzte. Dahinter Beleuchtungsanlagen, ein asphaltierter Weg für die Fahrzeuge der Bewacher und je nach Gelände Laufanlagen mit abgerichteten Hunden sowie Beobachtungstürme, Bunker und Schützenstellungen. Außerdem gab es Kontaktzäune, die bei der geringsten Berührung optische oder akustische Signale auslösten. Diese Berührungsmelder reagierten bereits, wenn ein Kaninchen den Zaun streifte, wovon die Mieter in den nahe gelegenen Häusern ein Klagelied singen konnten. Denn es gab viele Kaninchen, die sich ungestört im Grenzbereich vervielfachten und in mancher Nacht mehrfach die Alarmsirenen auslösten. Den Abschluss des Grenzstreifens bildete eine zweite Mauer, die nach Ost-Berlin zeigte. Von Jahr zu Jahr war so die Grenze immer unüberwindbarer geworden.

Potsdamer Platz, 1961. S-Bahneingang im Vordergrund, rechts zerstörtes »Haus Vaterland«

An der Ecke Köthener Straße müssen wir durch die Neubebauung den ehemaligen »Todesstreifen« betreten, um zum Potsdamer Platz zu gelangen. Wir bleiben auf dem linken Fußweg und begegnen nach wenigen Schritten einem kahlen Denkmalsockel, an dem die Menschen meist vorbeieilen, ohne ihn wahrzunehmen oder über seine Funktion nachzudenken. Am 1. Mai 1916 organisierte der Reichstagsabgeordnete Karl Liebknecht eine Demonstration zur Beendigung des Ersten Weltkrieges. Unmittelbar nach der Veranstaltung wurde er verhaftet und wegen Hochverrats zu vier Jahren und einem Monat Zuchthaus verurteilt. Durch eine Amnestie kam Liebknecht nach zwei Jahren frei und wurde 1919 von Freikorpssoldaten ermordet. Am Ort der einstigen Demonstration enthüllte Friedrich Ebert, Oberbürgermeister von Groß-Berlin (Ost) und Mitglied des Politbüros der SED, am 13. August 1951, Liebknechts achtzigsten Geburtstag, den Grundstein für ein Denkmal.

Der Sockel wurde errichtet, aber nie ein Denkmal aufgestellt. Nach dem Bau der Mauer verblieb der Sockel im Bereich der vorderen Mauer, bis diese nach 28 Jahren fiel. 1990 wurde er abgebaut und eingelagert, da er der Neubebauung des Potsdamer Platzes im Wege war. 2002 setzte sich die Bezirksversammlung des Bezirks Mitte für die Wiederaufstellung als Dokument der Stadtgeschichte ein.

Unser nächstes Ziel ist die grüne Uhr, die voraus mitten auf dem Platz steht. Von hier zeigt sich der nach dem Mauerfall neu entstandene Potsdamer Platz von seiner eindrucksvollsten Seite. Die Neubebauung des Platzes war das Medienereignis der neunziger Jahre, über keine andere Baustelle Europas wurde so umfassend berichtet. Bedeutende Architekten, die rund um den Erdball mit ihren Bauten die Stadtlandschaften verändern, stellten sich mit ihren Entwürfen einem städtebaulichen Ideenwettbewerb für den Potsdamer- und den angrenzenden Leipziger Platz. 480 000 Quadratmeter waren insgesamt zu gestalten, eine gigantische, für Architekten faszinierende Aufgabe.

Die Entscheidung für die Gesamtplanung fiel 1991 zugunsten der Architekten Hilmer & Sattler, deren Entwurf sich am historischen Grundriss orientierte und eine dichte, mittelhohe Bebauung vorsah. Die Namen der Architekten, die dann innerhalb weniger Jahren einen neuen Stadtteil schufen, lesen sich wie das »Who is Who« der internationalen Architektur: Renzo Piano, Helmuth Jahn, Arata Isozaki, Sir Richard Rogers, Hans Kollhoff und Giorgio Grassi, um nur einige zu nennen.

Die grüne Uhr ist der Nachbau der im Krieg zerstörten ersten Ampelanlage Europas. Das Original erwarb die Stadt 1925 in New York und passte es der vorgegebenen Verkehrssituation an, da die Ampel den Verkehr von fünf auf den Platz zuführenden Straßen regeln sollte. Die Signallichter sind horizontal angeordnet und wurden von einem Verkehrspolizisten oben in der Kanzel bedient. Ihr technischer Wert war nur von kurzer Dauer, denn bereits ein Jahr nach der Aufstellung wurde die senkrechte Signallicht-Anordnung in Deutschland verbindlich eingeführt. Obwohl der Turm dann keine Funktion mehr hatte, wurde er zur Ikone des Berlins der zwanziger Jahre.

Wenn man nah der Uhr steht, sollte man für einen Moment die Augen schließen. Stellen sie sich dann vor, es ist ein Tag im Sommer des Jahres 1929. Sie stehen mitten auf dem Potsdamer Platz, dem verkehrsreichsten Platz Europas.

Vor ihnen braust der Verkehr, dazwischen hasten die Menschen in geschäftiger Eile über die Bürgersteige. Im Hintergrund erkennen sie das riesige Portal des Potsdamer Bahnhofs. Fast unterbrochen fahren bimmelnde Straßenbahnen quietschend über den Platz und große doppelstöckige Autobusse, bei denen das Obergeschoss nicht überdacht ist, quälen sich durch den dichten Verkehr. Große Hotels, noble Gaststätten, Geschäftshäuser und Cafés umgeben den Platz. Geradezu steht ein Gebäude mit einer großen, auffälligen Kuppel. Es ist das legendäre »Haus Vaterland«, der größte Amüsierbetrieb der Stadt, wo sich Nacht für Nacht einige Tausend Tanzwütige, in mehreren Sälen, den neuesten Rhythmen der Unterhaltungsmusik hingeben. Hören Sie, wie die Kapelle gerade einen Charleston spielt?

Sie befinden sich im Herzen der Stadt. Im Hintergrund ein großer achteckiger Platz, umgeben von repräsentativen Gebäuden. An den Platz grenzt

Blick vom Potsdamer Platz nach Osten in die Leipziger Straße, 1926

die Fassade des größten Kaufhauses der Stadt, und Sie erkennen den vergoldeten Schriftzug »Wertheim«. Öffnen Sie nun wieder Ihre Augen.

1942, der von Deutschland angezettelte Zweite Weltkrieg tobte schon seit drei Jahren in Europa, begannen die Luftangriffe der Alliierten auf die Reichshauptstadt. Gingen anfangs nur einige Gebäude in Flammen auf, setzte bald ein Flächenbombardement ein, das ganze Straßenzüge in Schutt und Asche legte. Als 1945 das Deutsche Reich besiegt war und sich der »Führer« in seinem nah dem Leipziger Platz gelegenen Bunker durch Selbsttötung der Verantwortung entzog, lag der Potsdamer Platz, wie die gesamte Innenstadt Berlins, in Trümmern.

Der Krieg ging zu Ende und Berlin wurde von den Siegermächten in vier Sektoren aufgeteilt. In den Nachkriegsjahren war auf dem Potsdamer Platz das Zentrum des Schwarzmarktes. Hier konnte man all das per Tausch erwerben, was in den Geschäften nicht zu finden war. Natürlich war der Schwarzmarkt verboten, und die Polizei führte fast täglich Razzien durch, um das illegale Treiben zu unterbinden. Die Händler waren aber clever und standen hier direkt an der Grenze zwischen dem britischen und dem sowjetischen Sektor. Kam die Polizei von der britischen Seite, traten die Händler einige Schritte zurück und befanden sich nun im sowjetischen Sektor, wo die Briten nicht eingreifen durften. Auch andersherum funktionierte dieser Trick vortrefflich.

In den fünfziger Jahren wurde der größte Teil der Ruinen abgetragen, aber nichts wieder aufgebaut. Mit dem Bau der Mauer und der Anlage des Grenzstreifens verödete das Gebiet vollständig. Auf West-Berliner Seite standen nur noch zwei Gebäudereste – das Hinterhaus des ehemaligen

Weinhauses »Huth« und ein kleines Stück des alten Hotels Esplanade, das einmal das bedeutendste Hotel der Kaiserzeit in Berlin war. Im Esplanade lebte der Hausmeister Otto Redlin allein mit seinem Hund, und im »Haus Huth« waren noch sechs Wohnungen vermietet. Das waren die einzigen Bewohner des gesamten Platzes. Tagsüber kamen zahlreiche Reisebusse mit Touristen, die kurz ausstiegen, um von einem hölzernen Podest über die Mauer zu schauen und ein Foto zur Erinnerung zu knipsen, bevor es weiterging. So vergingen die Jahre bis zur Maueröffnung.

Nah der alten Ampelanlage befindet sich der Zugang zum Regionalbahnhof Potsdamer Platz. Gleich dahinter verläuft die Alte Potsdamer Straße. Betrachten wir die Bäume, die zu beiden Seiten der Straßen stehen. Sie sind erheblich älter als die gesamten Bauten am Platz. Hier begann 1795 die erste in Preußen angelegte Chaussee, die bis nach Potsdam führte. Durch die Mauer verlor die Straße in diesem Bereich ihre Funktion und wurde verlegt. Übrig blieben die Chausseebäume, die heute einen Kontrast zu den modernen Gebäuden bilden und im Sommer angenehmen Schatten spenden.

Auf der linken Seite der Alten Potsdamer Straße steht eines der beiden Gebäude, das den Krieg halbwegs überstanden hat. Der Bau gehörte zum Weinhaus »Huth«, einem bekannten Weinrestaurant der Vorkriegszeit. Obwohl nur ein Hinterhaus sieht es sehr repräsentativ aus. Als die Bauarbeiten hier ringsum begannen, wurde es ungemütlich und unvorstellbar laut für die im Gebäude verbliebenen sechs Mietparteien. Obwohl der Investor versuchte, alle Mieter zum Auszug zu bewegen, blieben diese und zogen wegen der nächtlichen Bauarbeiten vor Gericht. Als die Richter sich der Ansicht der Mieter anschlossen, drohte ein Verbot der Nachtarbeit, was den Bauherren erhebliche Verzögerungen und Kosten beschert hätte. Plötzlich, wenige Tage vor dem Richterspruch, zogen auf einmal alle Mieter freiwillig aus dem Gebäude. Es wurde damals gemunkelt, dass Berlin von einem Tag zum anderen sechs Millionäre mehr hatte.

Der Neubeginn für den Potsdamer Platz war das Jahr 1991. Nach dem städtebaulichen Wettbewerb und dem Verkauf der Grundstücksfläche an die drei Haupt-Investoren Daimler Benz, Sony und ABB, begannen die Arbeiten im Untergrund. Das Areal musste von zahlreichen Fliegerbomben und alter Kriegsmunition befreit werden, bevor sich die Bagger über zwanzig Meter in die Tiefe wühlten. Es entstand eine Kraterlandschaft, die sich bald mit Grundwasser füllte und den Platz zu einer Seenplatte werden ließ. Von Baggerschiffen wurden Taucher in die Tiefe hinabgelassen, die unter Wasser Tunnelröhren, Bahnhöfe, Tiefgaragen und Fundamente betonierten. Riesige Maschinen bohrten die Tunnel für die Regional- und Fernbahn in Richtung Lehrter Bahnhof, der zum neuen Hauptbahnhof Berlins wurde. Auch ein Straßentunnel unterquert den Platz und den angrenzenden Tiergarten. Nach Abschluss der Tiefbauarbeiten wurde das Grundwasser abgepumpt, die künstlichen Seen verschwanden wieder aus dem Stadtbild. Jetzt wurden Kräne montiert, in einer Vielzahl, wie man sie nie zuvor an einem Platz gesehen hat. Ohne Pause, rund um die Uhr, drehte sich das »Ballett der Kräne«, und nach und nach wuchsen die Gebäude bis zu hundert Metern in die Höhe.

Durch die kleine Varian-Fry-Straße, sie mündet gegenüber dem einstigen Weinhaus Huth in die Alte Potsdamer Straße, ist nach wenigen Schritten das Sony Center, das durch seine eindrucksvolle Architektur auffällt, erreicht. Der deutschamerikanische Architekt Helmut Jahn ließ auf dem dreieckigen Grundstück eine neue Welt aus Glas, Stahl und Licht entstehen. Sieben einzelne Gebäude umgeben eine Plaza, die von einer riesigen transparenten Dachkonstruktion, dem »Fujiyama«, überspannt wird, der in den Abendstunden in wechselnden Farben erstrahlt. Anmutig fast schwebend wirkt dieses Dach, da es ohne eine Mittelstütze auskommt, und das bei einer Breite von immerhin 77 Metern. Tausende Besucher nutzen die Plaza täglich als Treffpunkt. Ein Filmmuseum, Restaurants, Geschäfte und kulturelle Veranstaltungen ziehen die Besucher in das Innere.

Die Spitze des bebauten Dreiecks bildet, ebenfalls von Helmut Jahn entworfen, das gläserne Hochhaus. Es ist auf halbkreisförmigem Grundriss errichtet und mit 26 Etagen und 103 Metern Höhe, der höchste Kopfbau am Potsdamer Platz. Nicht weniger eindrucksvoll ist gegenüber das Hochhaus des Architekten Hans Kollhoff. In einer Höhe von neunzig Metern befindet sich eine Aussichtsplattform, von der man eine phantastische Sicht über Berlin hat. Die Besucher werden mit dem schnellsten Lift Europas, mit 8,5 Metern pro Sekunde nach oben gefahren. Die Fassade des Wolkenkratzers besteht aus 1,5 Millionen verschiedenfarbigen Torfbrand-Klinkersteinen. Der Baustil des Hochhauses erinnert etwas an den legendären Stummfilm »Metropolis« von Fritz Lang. Das passt ganz gut, denn gegenüber im Filmmuseum ist dem Regisseur eine eigene Ausstellung gewidmet.

Von hier aus überqueren wir wieder den Potsdamer Platz. Vorbei an der grünen Uhr geht es nun geradeaus zum Leipziger Platz. Zu ihrer Information sei gesagt, dass wir uns noch immer im einstigen West-Berlin befinden. Wieder zeigt uns die im Boden eingelassene Markierung den Verlauf der Mauer. Dort betreten wir den einstigen »Todesstreifen«, der uns heute aber nicht mehr aufhält, und befinden uns im einstigen Ost-Berlin.

Das Besondere am Leipziger Platz ist seine achteckige Form, durch die er sich von allen anderen Berliner Plätzen unterscheidet. Hier hat kein einziges Gebäude den Krieg überstanden. Als die Bebauung des Potsdamer Platzes weitgehend abgeschlossen war, haben sich die Arbeiten hierher verlagert und nach und nach wurden die Baulücken mit Geschäftsbauten geschlossen.

Und man sollte nie vergessen: Vielen Menschen brachte diese innerdeutsche Grenze, die heute so harmlos wirkt, den Tod. Ein von der Bundesregierung gefördertes mehrjähriges Forschungsprojekt veröffentlichte im August 2009 seine Untersuchungsergebnisse zu den Todesopfern an der Berliner Mauer. 136 Tote wurden seit dem 13. August 1961 insgesamt dokumentiert. 96 DDR-Flüchtlinge verloren ihr Leben beim Versuch die Grenzanlagen zu überwinden. Hinzu kamen 32 Menschen aus Ost und West, die ohne dass sie Fluchtabsichten hatten, erschossen wurden oder verunglückten. Auch acht DDR-Grenzsoldaten wurden getötet. Entweder durch Fahnenflüchtige, eigene Kameraden, Fluchthelfer oder durch West-Berliner Polizisten im Dienst. Der misslungene Fluchtversuch des 23-jährigen Peter Fechter, der 1962 in den Grenzanlagen nah dem Checkpoint Charlie verblutete, gehört dabei zu den tragischsten Ereignissen der 28-jährigen Geschichte der Berliner Mauer.

Wenn der Leipziger Platz überquert ist, achten wir auf unserer Seite auf den Gebäudeeingang Leipziger Straße 3. Auf der anderen Straßenseite stand einst das Kaufhaus »Wertheim«. Es war vor dem Krieg nicht nur durch seine Größe bedeutend, sondern vor allem wegen seiner Exklusivität. Dort gab es erstmals in Europa sogenannte »Probiermamsells«. Das waren Frauen mit den unterschiedlichsten Kleidergrößen, die für die Kunden die Kleider anprobierten, wenn diese selbst keine Lust hatten, in die Umkleidekabinen zu gehen.

Der Durchgang des Hauses Nr. 3 bietet einen interessanten Blick auf das vorhin schon erwähnte Berliner Abgeordnetenhaus. Dort verlief, von der Ostseite betrachtet, die innere Mauer und dahinter der Grenzstreifen. Alle Fenster nach West-Berlin wurden damals zugemauert, um auch von hier jede Fluchtmöglichkeit in den Westen unmöglich zu machen.

Links neben uns erinnert seit einigen Jahren wieder eine Gedenktafel an die Geschichte dieses Ortes. Einst befand sich auf dem Grundstück das Palais der Familie Mendelssohn. Hier wuchs der Komponist Felix Mendelssohn Bartholdy auf, ein musikalisches »Wunderkind«, das schon im Alter von 16 Jahren vier Singspiele, 13 Streichersinfonien, eine große Sinfonie, drei Doppelkonzerte, zwei Solokonzerte und zahlreiche Vokal-, Klavier- und Kammermusikstücke geschrieben hatte. Damals gelang ihm auch der große »Wurf« mit der Ouvertüre zu Shakespeares »Sommernachtstraum«. Die kleine Tafel wurde 1935 auf Anordnung des nationalsozialistischen Reichsmarschalls Hermann Göring entfernt.

Das heute vom Bundesrat genutzte Gebäude entstand 1904 nach Plänen des Architekten Friedrich Schulze, in Form einer spätbarocken dreiflügeligen Palastanlage. Es war Sitz des Preußischen Herrenhauses, das sich aus Mitgliedern des preußischen Adels zusammensetzte, deren prominentestes Mitglied Otto von Bismarck war.

Preußisches Herrenhaus, 1932

Im Zweiten Weltkrieg zerstörten die Bomben gut ein Drittel des Gebäudes. Von der DDR ab 1950 provisorisch hergerichtet, wurde nur der in unmittelbarer Nähe der Mauer gelegene Westflügel von althistorischen Instituten der Akademie der Wissenschaften genutzt. Im großen Garten dahinter legte man anlässlich der Weltjugendfestspiele einen kleinen Sportplatz an. Es heißt, dass dort der damalige Staatsratsvorsitzende Walter Ulbricht ab und an Tennis gespielt haben soll. Das Herz der Anlage, bestehend aus Eingangshalle, Wandelhalle und Plenarsaal, diente in dieser Zeit als Abstellkammer für ausgedientes Behörden-Mobiliar. Als krönender Schlusspunkt der allgemeinen Verunstaltung wurden Treppenhaus und Ehrenhof des einstigen Herrenhauses zugemauert.

Wo heute ein Gitterzaun die Grundstücksgrenze markiert, stand eine Betonmauer, die den Blick auf Vorgarten und Eingangsbereich verhinderte. Das Gebäude verfiel von Jahr zu Jahr, und dichtes, wild wucherndes Gestrüpp hatte den Vorgarten für sich erobert. Einige Jahre haben die Sanierungsarbeiten gedauert, aber wie man sieht, es hat sich gelohnt. Als Ersatz für die einst das Dach zierenden Figurengruppen wurden 1997 die nicht gerade filigran wirkenden »Bronze-Brocken« des Bildhauers Per Kirkeby aufgestellt. Was sie bedeuten sollen, ist trotz ihrer Größe von hier unten nicht zu erkennen und bleibt somit ein Geheimnis des Künstlers.

Blicken wir durch die Gitterstäbe der Toreinfahrt im Seitenflügel mit der Nummer 4, ist im Hintergrund der Martin-Gropius-Bau zu sehen. Über dem Eingang befindet sich das Relief eines Männerkopfes. Über beiden Ohren befand sich seit vielen Jahren je ein Vogelnest, in denen schon ganze Vogelgenerationen das Licht der Welt erblickt haben. Zu laut wurde es ihnen anscheinend nie – es waren eben Großstadtvögel. Jetzt haben sie keine Möglichkeit mehr zum Brüten, ein Maschendrahtgeflecht soll die Vögel fernhalten und zukünftigen Nestbau verhindern.

Auf der gegenüberliegenden Straßenseite war vom alten Konsumtempel »Wertheim« nur das Eckhaus mit seinem unterirdischen Tresorraum übrig geblieben. Nach dem Fall der Mauer boten gerade die vielen ungenutzten Gebäude und deren ungeklärte Besitzverhältnisse in Ost-Berlin einen fruchtbaren Boden für eine neu entstehende Partykultur. So eröffnete hier einer dieser meist illegal geführten Clubs, der »Tresor« – der erste Technoclub des Landes.

Viele heute weltbekannte Techno-DJ's hatten im »Tresor« ihre Anfänge. Die englische DJ-Ikone Jeff Mills, der Berliner Westbam und Dr. Motte, Vater der »Loveparade«, reichten sich Klinke und Plattennadel in die Hand. Sie ließen die Ost- und Westjugend Nächte und Tage lang gemeinsam durchtanzen – selten wurde die Technonation hier müde und so entstand in der Nachwendezeit Völkerverständigung »Made in Berlin«.

Das Gebäude, in dem heute das Finanzministerium untergebracht ist, entstand zwischen 1935 und 1936 als Reichsluftfahrtministerium nach Entwurf von Ernst Sagebiel, der auch den Flughafen Tempelhof erbaut hatte. Nach dem Krieg nutzte die Deutsche Wirtschaftskommission, zuständig für die sowjetische Besatzungszone, die Gebäude. Am 7. Oktober 1949 wurde im Festsaal die Deutsche Demokratische Republik proklamiert, und Wilhelm Pieck wurde der erste Präsident der DDR. Später diente das Gebäude als »Haus der Ministerien«.

Im Arkadengang ist ein großes Wandbild aus vielen bemalten Kacheln zu entdecken – ein Relikt aus vergangener Zeit. Dargestellt ist die Bevölkerung des sozialistischen Arbeiter- und Bauernstaates, so wie es sich die DDR-Oberen gewünscht hätten. Bauarbeiter, Bauern, Stahlarbeiter und Ingenieure, die alle gemeinsam mit Elan und Freude, selbstlos an der Entwicklung eines besseren, sozialistischen Staates arbeiten. Eine geschönte, hoffnungsfrohe Vision, die aber bei der Umsetzung von der Theorie in die Praxis scheiterte und in krassem Widerspruch zu den Ereignissen des 17. Juni 1953 steht, an die das Denkmal in der Mitte des Vorplatzes erinnern will.

Was war damals passiert? Die DDR hatte einige Tage zuvor die Produktionsnormen für die Arbeiter erheblich erhöht, was zu großer Unruhe führte. Als sogar die Gewerkschaftszeitung »Tribüne« das Vorgehen der Partei ausdrücklich verteidigte, kam es bereits am 16. Juni zum Streik. Einem Protestmarsch von rund hundert Bauarbeitern aus der Stalinallee schlossen sich spontan Tausende Menschen an. SED-Funktionäre, die den Zug stoppen wollten, wurden niedergeschrieen und aus der Menge wurden nun Forderungen nach Rücktritt der Regierung und freien Wahlen laut. Dieser Protest fand auch im Berliner Umland und in großen Teilen der

Reichsluftfahrtministerium in der Leipziger Straße, Ecke Wilhelmstraße, 1938

DDR Gehör. Am 17. Juni marschierten dann, trotz strömenden Regens, zwölftausend Stahlarbeiter aus Henningsdorf zum 27 Kilometer weit entfernten Stadtzentrum Ost-Berlins, wo sie mit Zehntausenden anderer Demonstranten zusammentrafen. Anfangs gab es Rangeleien mit Funktionären und der Polizei. Als dann die rote Fahne vom Brandenburger Tor geholt wurde, eskalierte die Situation. Plötzlich waren erste Schüsse zu hören, und sowjetische Panzer näherten sich dem Potsdamer Platz.

Mehrere tausend Menschen in der DDR wurden festgenommen. Mindestens 19 Personen verurteilten sowjetische Militärgerichte zum Tode, und eine unbekannte Zahl von Menschen wurde standrechtlich erschossen.

In dem Eckgebäude an der Mauerstraße befindet sich das Museum für Kommunikation. 1872 wurde hier das erste Postmuseum der Welt eröffnet. In der »Schatzkammer« des Museums werden u.a. die »Blaue Mauritius«, das erste Telefon und die älteste Postkarte der Welt gezeigt. Sprechende Roboter begrüßen die Besucher im Eingangsbereich.

Auch von außen gibt es Interessantes zu entdecken. Sollte die blaue Leuchtschrift über dem Portal eingeschaltet sein, versuchen sie einmal den Schriftzug hintereinander und ohne Pause laut zu lesen. Das Ganze ist, wie sie merken werden, ein ausgeklügeltes Sprach- und Bedeutungsspiel zum Thema Kommunikation.

Auf dem Gehweg, links vom Eingang des Museums, liegt ein Gehirn. Die meisten der Vorübergehenden nehmen es gar nicht wahr. Es ist ein kleines »3 Sekunden Bronzehirn«, das sie mit den Füßen treten oder mit den Händen respektvoll streicheln können. »Experimente haben ergeben, dass zeitliche Integration von Ereignissen bis zu drei Sekunden erfolgt, länger kann gegebene Information nicht festgehalten werden. Man kann deshalb sagen, dass subjektive Gegenwart drei Sekunden dauert.« So steht es, etwas schwer verständlich, in der Katalogbeschreibung.

Nun geht es nach rechts in die Mauerstraße, die übrigens schon immer so hieß und somit keinen direkten Bezug zur Mauer von 1961 hat. Da, wo gleich auf der linken Seite die Krausenstraße abzweigt, war für Ost-Berliner ab 1961 die Welt zuende. Hier begann der streng bewachte Kontrollbereich für den Grenzübergang Checkpoint Charlie. All die Neubauten, die links und rechts vor uns stehen, wurden auf dem ehemaligen Abfertigungsgelände errichtet, nichts erinnert heute noch an die Situation vor dem Mauerfall.

Dann kam das Jahr 1989. Die Politik des Michail Gorbatschow hatte nach und nach das politische Klima zwischen den Großmächten verändert. In der DDR meldeten sich jetzt verstärkt die Unzufriedenen zu Wort. Viele stellten Ausreiseanträge oder nutzten ihren Prag-Urlaub zur friedlichen Besetzung der Botschaft der Bundesrepublik – und durften bald in den Westen ausreisen. Die Leipziger Montagsdemonstrationen wurden von Woche zu Woche machtvoller und die DDR-Bürger immer mutiger. Die Situation war brisant und hätte auch explodieren können.

Am 9. November 1989 verkündete Jürgen Schabowski anlässlich einer ganz normalen Pressekonferenz in Ost-Berlin die Sensationsnachricht des Tages, deren Tragweite die meisten am Anfang gar nicht begriffen haben. Als dann langsam klar wurde, dass die Mauer noch an diesem Abend geöffnet werde, nur unverbesserliche Optimisten hatten damit gerechnet, war die Stimmung in ganz Berlin unvorstellbar. Der gesamte öffentliche Nahverkehr brach an diesem und den folgenden Tagen zusammen, zu Fuß kam man noch am leichtesten durch die Stadt. Überall wurde auf den Straßen Berlins gefeiert und wildfremde Menschen lagen sich in den Armen.

Am 22. Juni 1990 wurde im Beisein der Außenminister der Vereinigten Staaten, Großbritanniens, Frankreichs, der Sowjetunion und der beiden deutschen Staaten, der Kontrollpunkt Checkpoint Charlie auf beiden Seiten abgebaut. Während einer Feierstunde kam das Kontrollhäuschen an den Haken eines Krans und schwebte vor den Augen des staunenden Publikums davon. Heute befindet es sich im Alliierten-Museum im Ortsteil Dahlem, im einstigen amerikanischen Sektor. Auf Wunsch vieler Berliner und Berlin-Besucher wurde später am früheren Standort eine verkleinerte Kopie aufgestellt.

Literaturquellen

Allgemein
Eloesser, Arthur: Die Straße meiner Jugend. Berliner Skizzen; Berlin 1987
Endell, August: Die Schönheit der großen Stadt; Stuttgart 1908
Hessel, Franz: Ein Flaneur in Berlin; Berlin 1984
Köhn, Eckhardt: Straßenrausch. Flanerie und kleine Form; Berlin 1989
Kracauer, Siegfried: Straßen in Berlin und anderswo; Frankfurt/a. M. 1964
Thieme, Bernhard (Hrsg.): Berliner Biographisches Lexikon; Berlin 1992

Franz Hessel: Von der schwierigen Kunst spazieren zu gehen
Literarische Welt, 8. Jahrgang 1932, Nr. 22. Hier zitiert (Auszug) nach: Franz Hessel, Ermunterung zum Genuss, Kleine Prosa, Brinkmann & Bose, 2. Auflage, Berlin 1988

Vor dem Halleschen Thore
Berger, Joachim: Kreuzberger Wanderbuch. Wege ins widerborstige Berlin; Berlin 1984
Dreppenstedt, Hinnerk; Esche, Klaus: Ganz Berlin. Spaziergänge durch die Hauptstadt; Berlin 2001
Galli, E.; Haas, R.; Rabatsch, M. (Hrsg.): Rund um Riehmers Hofgarten, Berlin 1987
Hessel, Franz: Ein Flaneur in Berlin; Berlin 1984
Konwiarz, Wolfram: Riehmers Hofgarten Berlin Kreuzberg; Berlin 1985
Kutsch, Gerhard (Hrsg.): Der Bär von Berlin. Jahrbuch der Vereins für die Geschichte Berlins 1987; Berlin 1987
Nicolas, Ilse: Kreuzberger Impressionen; Berlin 1969
Nolden, Karl: Friedrich von Holstein; Berlin 1983
Jubiläumsausschuss St. Bonifatius: 75 Jahre St. Bonifatius-Kirche; Berlin 1982
Kath. Pfarrgemeinde St. Bonifatius (Hrsg.): Festschrift 100 Jahre St. Bonifatius; Berlin 2007
Pomplun, Kurt: Großes Berlin-Buch; Berlin 1985
Steinmann, C.-P./ Hetmann, B.: Berlin im Ohr. Kreuzberg – Vor dem Halleschen Thore; Berlin 1987
TU Berlin (Hrsg.): Kreuzberger Lesebuch. Ältere Kreuzberger erzählen aus ihrem Leben; Berlin 1982
Voß, Karl: Reiseführer für Literaturfreunde. Vom Alex bis zum Kudamm; Berlin 1980
Wille, Klaus-Dieter: Spaziergänge in Kreuzberg; Berlin 1986

Die Stadt der Toten
Etzold, A.; Fait, J.; Kirchner, P.; Knobloch, H.: Die jüdischen Friedhöfe in Berlin; Berlin 1991
GBBB e. V. (Hrsg.): Berliner Friedhöfe Teil I, Eines Schattens Traum ist der Mensch; Berlin 1997
Geiger, Ludwig: Geschichte der Juden in Berlin; Leipzig 1988
Knobloch, Heinz: Der arme Epstein; Berlin 1993
Knobloch, Heinz: Berliner Grabsteine; Berlin 1988
Melcher, Peter: Weißensee, ein Friedhof als Spiegelbild jüdischer Geschichte in Berlin; Berlin 1986

Nachama, Andreas; Simon, Hermann (Hrsg.): Jüdische Grabstätten und Friedhöfe in Berlin; Berlin 1992

Riesenburger, Martin: Das Licht verlöschte nicht; Berlin 1960

Wohlberedt, Willi: Grabstätten bekannter u. berühmter Persönlichkeiten in Groß-Berlin und Potsdam mit Umgebung; 4 Bde.; Berlin 1932-52

Die Rehwiese und der Baumeister Hermann Muthesius

Architekten- und Ingenieur-Verein zu Berlin (Hrsg.): Berlin und seine Bauten; Berlin/München/Petersberg 1964-2009

Berliner Adressbuch; Berlin 1905-1943

Finger, Eberhard: 100 Jahre Landgemeinde Nikolassee; Berlin 2009

Fries, Heinrich de: Moderne Villen und Landhäuser; Berlin 1925

Gentzen, Peter: Nikolassee einst das Teufelsloch geheißen; Berlin 2001

Henning, Eckart: Nikolassee. Vom Vorort Berlins zum Ortsteil Zehlendorfs; Berlin 2007

Historische Kommission zu Berlin: Der Mittelhof in Berlin-Nikolassee. Geschichte eines Baudenkmals; Berlin1992

Jüttemann, Andreas: Nikolassee Ost; Berlin 2008

Kaak, Heinrich: Der Mittelhof, Berlin-Nikolassee, Kirchwegg 33. In Engel, H., Jersch-Wenzel, S.; Treue, W.: Zehlendorf. Geschichtslandschaft Berlin; Berlin 1992

Kulturamt Prenzlauer Berg (Hrsg.): Grenzgänger. Wunderheiler. Pflastersteine. Die Geschichte der Gleimstraße in Berlin; Berlin 1998

Muthesius, Hermann: Landhäuser; München 1912

Schäche, Wolfgang: Architektur und Städtebau in Berlin zwischen 1933 und 1945; Berlin 1991

Schöneberger Tageblatt; Berlin 27.10.1927

Schröder, Henning; Lembke, Hans H.: Nikolassee. Häuser und Bewohner der Villenkolonie; Berlin 2008

Welt am Abend: Berlin 1.12.1927

Wiese, Karl Dr.: Ein halbes Jahrhundert Evangelische Kirchengemeinde Berlin-Nikolassee 1909-1959; Berlin 1959

Von Spinnern, Dichtern und Anarchisten

Berliner Zeitung: Berlin 25.2.2004

Janowitz, Wolfgang: Berlinische Reminiszenzen Nr. 62. Spaziergänge in Köpenick; Berlin 1991

Cepl-Kaufmann, G.; Kauffeldt, R.: Berlin-Friedrichshagen. Literaturhauptstadt um die Jahrhundertwende; Berlin 1994

Kießhauer, I. u. R.; Brandel, K.: Friedrichshagener Chronik 1753 – 1920; Friedrichshagener Hefte Nr. 50, Berlin 2003

Natke, Andrea: Der Kurpark Friedrichshagen; Friedrichshagener Hefte Nr. 2, Berlin 1998

Nündel, Beate: Zeuge der Kulturgeschichte – der Friedhof in Friedrichshagen; Friedrichshagener Hefte Nr. 15, Berlin 1997

Roggisch, Reinhard (Hrsg.): Der Spreetunnel am Müggelsee; Berlin 1996

Sprink, Claus-Dieter: Die Bronzegießereien Gladenbeck. Aufstieg und Niedergang; Friedrichshagener Hefte Nr. 20, Berlin 1998

Steinmann, Carl-Peter: Im Fluss der Zeit. Geheimnisse links und rechts der Spree; Berlin 2008

Vierock, Ronald: Kleines Dorf mit großen Ambitionen. Zu Kaisers Zeiten in Friedrichshagen; Friedrichshagener Hefte Nr. 46, Berlin 2002

Wille, Bruno: Das Gefängnis zum Preußischen Adler. Eine selbsterlebte Schildbürgerei; Berlin 1987

Zwei Dörfer auf dem »schönen Berg«

Arenhövel, Alfons: Arena der Leidenschaften. Der Berliner Sportpalast und seine Veranstaltungen 1910-1973; Berlin 1990

Bezirksamt Schöneberg von Berlin (Hrsg.): Vom Dorfkrug zum Prälaten. Eine Kulturgeschichte Schöneberger Gaststätten; Berlin1987

Bezirksamt Schöneberg von Berlin (Hrsg.): Maison de Santé. Ehemalige Kur- und Irrenanstalt; Berlin 1989

Eggert, Stefan: Spaziergänge in Schöneberg; Berlin 1997

Härlin, Benny; Sontheimer, Michael: Potsdamer Straße. Sittenbilder und Geschichten; Berlin 1984

Kisch, Egon Erwin: Der rasende Reporter; Berlin 2001

Martins, Norbert: Giebelphantasien. Berliner Wandbilder; Berlin 1989

Nägele, Sibylle; Markert, Joy: Die Potsdamer Straße. Geschichten, Mythen und Metamorphosen; Berlin 2006

Nicolas, Ilse: Vom Potsdamer Platz zur Glienicker Brücke; Berlin 1979

Immer an der Wand lang

Buchwald, Tom: Berlin. Vergewaltigte Stadt; Berlin 2005

Flemming, Thomas; Koch, Hagen: Die Berliner Mauer; Berlin 2004

Hildebrandt, Rainer: Es geschah an der Mauer; Berlin 1986

Reichardt, Hans J.: Vom Beginn des Wiederaufbaus in Berlin 1945; Berlin 1987

Schwartau, A. u. C.; Steinberg, Rolf: Berlin im November; Berlin 1989

Unsicker, Peter: Die Arbeit am Verdorbenen. Zwischendeutsche Harlekinade; Berlin 2001

Bildquellen

Archiv Bezirksmuseum Friedrichshain / Kreuzberg: Seiten 13, 17, 18

Archiv Steinmann: Seiten 11, 43, 47, 49, 50, 51, 52, 53, 77, 115, 117, 119, 127

Bildarchiv Foto Marburg: Seiten 27, 28, 33, 38, 66, 71

Bildarchiv Preußischer Kulturbesitz: Seite 89

Bundesarchiv: Seiten 75 (183-1990-1017-303), 81 (183-D0907-0013-001), 86 (183-G1122-0600-101), 87 (183-K0801-0001-014), 88 (183-1987-1112-016), 114 (183-11513-0001), 122 (183-G01209-500-1), 123 (183-585918), 125 (183-R98038), 129 (102-00903), 133 (183-H29393), 135 (183-H27413)

Heimatmuseum Zehlendorf: Seiten 56, 57, 63

Herta Plenik, Berlin-Friedenau: Seite 99

Landesarchiv Berlin: Seiten 14, 15 (Lommatzsch, Ingeborg), 21 (Kessler, Rudolf, 23 (Metzner, Günther), 26, 29 (Schwartz, F. Albert), 34, 42 (Günter Schneider), 94 (Schubert, Karl-Heinz), 95 (Schubert, Karl-Heinz), 109 (Ehlers, Ludwig), 110 Titzenthaler, Waldemar), 116 (Siegmann, Horst)

Museumsverbund Pankow: Seite 41

Museen Tempelhof-Schöneberg von Berlin: Seiten 97, 101, 105, 107, 108

Sammlung Eberhard Finger: Seiten 58, 60, 65 (aus: Blätter für Architektur und Kunsthandwerk 24 (1911), Tafel 51, Foto EF aus dem Exemplar des Zentrums für Berlin-Studien)

Carl-Peter Steinmann

wurde 1946 in Lerbeck/Westfalen geboren und ist in Berlin aufgewachsen. Er lebt dort als Stadt-erzähler. Zuletzt erschien von ihm »Von Karl May zu Helmut Newton« (2006), »Im Fluss der Zeit« (vergriffen, 2008) und »TatOrt Berlin« (2009).

Foto: Norbert Martins

Carl-Peter Steinmann
TATORT BERLIN
Erlesene Kriminalfälle

»Carl-Peter Steinmann erzählt kuriose Berliner Kriminalfälle:
Ein Berliner Zirkusmann namens Otto Witte, der sich zum König von
Albanien aufschwingt, ein Bibliomane, der Meisterdieb wird – und ein
Hofkonditor namens Kranzler, der alles andere als ein feiner Herr ist: Die
Berliner Geschichte ist reich an kuriosen Kriminalfällen.«
Dorothee Nolte, Der Tagesspiegel

»Autor Steinmann hat eine kleine Kulturgeschichte des Verbrechens
zusammengestellt – spannend, lehrreich, humorvoll.«
Frank Willmann, Kalaschnikow

Geschäftshaus der Heimstätten-Akt.-Ges. Gemeinde- u. Amtsvorstand und Postamt
in Nikolassee.

Erklärungen:

Kolonie Nikolassee.
Kolonie Schlachtensee-West.
Verkaufte Parzellen in Nikolassee.
Verkaufte Parzellen in Schlachtensee.